华为零售

朱秋虎 许临峰 著

东华大学出版社

推荐序一

由于工作的原因，我近几年学习和研究了不少华为的管理理念和管理变革，也是在工作和学习的过程中认识了本书的两位作者。有幸提前阅读了《华为零售》这本书，让我更加系统地了解了扎根于华为基因深处的价值观和管理理念，及其对整个华为从创业到发展再到壮大所起到的重要作用。可以说，"以客户为中心"正是华为的核心价值观，而"用科学的方法进行管理"正是我认为的华为的核心管理理念。

科学管理在华为的管理体系中体现在方方面面：管理机制是依靠流程推动的，出现问题的时候首先考虑的是流程而不是人；管理流程是闭环的、系统的、简单而高效的，而不是局部的、散乱的；管理规则是从关键控制点下手，本着做事的规则拟定的；管理出发点永远是以客户（包括内外部客户）为中心；产品研发和优化来自客户的潜在需求和现实需求……这些实际上都是管理学理论中最基本的原则，但是做起来却不那么简单，正如任正非先生所说的"重要的事情总是简单的，简单的事情总是难做的"，因为简单的管理原则往往都是逆人性的。作为管理者，我们要充分遵从管理是科学的。虽然不可否认的是管理也是艺术的，但是只有真正认识到管理是科学的，才会坚持遵从管理最基本的逻辑和原则，才能长期保证以正确的方法做正确的事。

《华为零售》这本书以叙事的方式，系统地阐述了华为零售发展的各个阶段，以及其从弱到强的发展历程。华为零售发展经历的四个不同阶段，实际上也是华为零售践行科学管理而循序渐进的一个过程。

管理研究出身的我在阅读任何管理实践方面图书的时候都努力地去探索发现现象背后的本质和规律，也就是要发现管理实践中科学性的一面。因为任何事情都有逻辑，都有规律，所以我们首先要了解这些内部联系，把握这些逻辑，掌握这些规律，这样我们才能少走一些弯路。从本书中我们可以发现，无论是华为在价值观中所遵从的"以客户为中心、以奋斗者为本"，还是华为对"质量就是生命、极致服务"的敬畏之心，再到后来华为通过管理变革所建立起来的面向零售市场的IPMS[①]流程，在本质上处处体现的是科学管理的基本原则和逻辑，是华为对科学管理理念和做法的遵从与不断实践。

不论是在工业时代、互联网时代，或者是未来的万物互联时代，也不论是用什么样的商业模式，企业的管理实践最终都要回归到最基本的科学管理的原则和逻辑上去。如果偏离了这些基本原则，那么企业想要成长必定会付出更多的成本，经历更多的弯路。中国的很多企业用短短几十年甚至十几年就得以飞速发展，除了凭借勤奋与一代代企业家的开拓精神，也得益于中国经济的

---

① IPMS（Integrated Product Marketing sales & Sevice），即集成产品营销、销售和服务，是指导"产品生命周期操盘"的价值业务流。

大环境。但随着经济降速，企业更需要着眼未来，立足当下，不断地去升级管理理念，夯实科学管理基础。中国企业更需要的是对科学管理理念的理解和践行。相信大家会从本书中学到华为的零售管理做法，看到华为的科学管理精神，悟到科学的管理理念！

马宝龙 [①]

北京理工大学管理与经济学院博士生导师

2022 年 10 月

---

① 马宝龙，教授，博士生导师，北京理工大学管理与经济学院市场营销系主任，工商管理学科市场营销方向责任教授，管理学博士，清华大学经济管理学院、中国零售研究中心助理研究员，博士后，美国密西西比州立大学商学院营销系访问学者。

读着《华为零售》这本书，我不禁回想起在华为奋斗的峥嵘岁月，至今依然热血澎湃。那些奋勇拼搏的点点滴滴，至今依然历历在目。我在华为工作的那些年中，既经历了无数次的失败，也找到了可以复制成功的关键方法，和兄弟们一起打拼的日子，是那么的纯粹，又是那么的简单。这些都是最重要的宝贵财富，让我永生难忘。

2011 年底，我从华为一线回到总部工作，负责全球零售管理部。那时候，总部既没有资源，也没有有效的组织厚度和人才梯队深度，外来的"明白人"（专家）也很少；各地区、国家也都没有专职的零售部门，很多"作战单元"只能兼职做零售人员。就是在这么一个"一穷二白"的部门，我们开始推进公司零售文化的建设。此时市场上的主力品牌，依然是诺基亚、三星、HTC、OV（OPPO 和 VIVO 两个品牌的简称），还有 iPhone、小米等。华为意识到如果要发展终端业务、要在手机市场占有一席之地，就一定要改变 B2B① 企业运作模式，必须按照消费品的营销

---

① B2B 也写成 BTB，是 Business-to-Business 的缩写，企业与企业之间通过互联网等现代信息技术手段进行商务活动的电子商务模式。在本书中特指华为的运营商业务和思维。本书中提到的"2B"即"To B"，是"to business"业务的简称，指面向运营商的业务。

模式去变革，必须尊重消费品的产业运作规律去运作，这样才有出路。

任正非在 2010 年底组织召开的高级干部座谈会，被誉为华为手机转型的"遵义会议"，这也是华为零售进入成长期的标志性事件。在此次会议中，集团对终端业务重新进行了定位，包括在华为内部手机终端公司的定位，以及在手机行业的定位，明确了华为手机终端公司在华为内部具有三分天下的重要战略地位，同时在树立品牌方向上给之前缩手缩脚、受华为集团各种 B2B 思维约束的手机终端公司松了绑——要勇于按消费品的规律办事，改变了华为过去不做品牌的策略。手机终端公司开始逐步花大价钱做品牌管理、研究消费者心理的工作，同时进行产品规划，基于消费品行业的客观规律进行操盘。

正是基于这次会议，集团上下统一了思想，终端业务开始全面向公开市场转型，开始了轰轰烈烈的 B2C① 变革。

通过战略规划，我们明确了之后的业务目标和销售方向，并通过建立零售组织来保证零售战略的落地。运作公开市场与运作运营商市场不同。运作运营商市场是将产品销售给运营商，再由运营商通过自有渠道将产品销售给消费者，在某种程度上还是 B2B 的业务。而运作公开市场则要厘清各种复杂的渠道，再通过不同的代理商、零售商的零售门店完成面向消费者的零售。这

---

① B2C 是 Business-to-Consumer 的缩写，企业通过互联网向个人网络消费者直接销售产品或提供服务的电子商务模式。在本书中特指华为的面向消费者业务和思维。本书中提到的"2C"即"To C"，是"to consumer"业务的简称，指面向个人消费者的业务。

种业务内容是华为之前不熟悉或者不擅长的。为了保证消费者的最佳体验、扩大高端机的销售、促进华为品牌的高端化，我们组建了零售阵地管理、零售促销管理、零售大客户管理、零售促销人力管理、零售培训管理、零售运营管理等职能部门，将零售管理的工作落到实处。我与本书的两位作者同时参与到华为零售从弱到强的建设过程中，我和他们一起见证了这段峥嵘岁月，也看到了他们为此所作出的突出贡献。

时光荏苒，一晃10余年过去了，华为零售现在已自成体系，进入了稳步的成熟发展期，从早先的比较落后发展到现在相对比较领先，也逐步成为很多企业学习的对象。很高兴看到两位作者将零售业务的精髓内容加以提炼总结，印制成书。期待广大企业及读者朋友们，在实践过程中，吸取成功理念，少走弯路。作为企业，持续保持核心竞争力优势是非常艰难的，要想做到这一点，必须保持成长性思维，持续保持开放，持续升级理念和方法以及认知，与时俱进，再结合企业自身的实际情况，予以匹配。学的是精神，悟的是理念，悟道才能得道！

李光

前华为全球零售管理部部长

2022 年 10 月

自序一

从事销售工作 20 余年，曾经的三星、诺基亚以及华为的工作经历，都让我留恋难忘，而同时，这三家企业也在我身上打下了深深的烙印。

相较三星和诺基亚，我在华为工作的时间最短，但这段经历却让我最为难忘。华为不断汲取外部企业文化的营养，在灰度哲学的融会贯通中，"先僵化、后优化、再固化"，进而形成华为独特的文化体系，引导着华为不断地走向成功。早在 1998 年，经任正非发起，华为就在研发内部进行"向美国人学习""向 IBM 学习"的活动，组织了"创业与创新"的大讨论，并在 IBM 公司顾问的指导下开展了 IPD（集成产品研发流程）咨询项目。之后又陆续引入 ISC（供应链体系）、IFS（财经体系）、LTC（线索到现金）、CRM（客户体系）等一系列现代管理流程。可以说，华为是一个开放、包容的国际化公司。

"以客户为中心，以奋斗者为本，长期坚持艰苦奋斗"，这是华为企业文化的核心价值观，它蕴涵着华为公司的愿景、使命和战略，是华为在商业战场上成功的密码。2013 年，在华为消费者业务向公开市场转型初期、在华为零售进入成长期的时候，我以高级零售专家的身份加入华为，有幸参与到华为零售体系架构的建设中去。我通过身边同事的言行感受着华为的核心价值观，同时也在日常工作中践行着核心价值观。零售管理工作从一开始就紧紧围绕着消费者的需求展开，重视消费者的体验和感受，没有走弯路。这是因为华为一直是坚持"以客户为中心"的理念，当转型至消费者业务时，华为的一切工作自然也都是围绕着消费者展开了。"以奋斗者为本"，自然也就特别关注华为零售人员及促销人员——包括合作伙伴的员工的培训、激励、发展规划等。转型伊始，华为面向渠道和零售合作伙伴的业务能力还比较薄弱，但华为零售人员不惧困难，不惜通过加班加点、人拉肩扛也要完成零售目标，服务好消费者及合作伙伴。这些正是华为企业文化核心价值观在日常工作中的体现，在本书中会有大量的案例展现给读者。

我在华为工作的每一天，都感受着、感动着、收获着。华为能够在 10 年的时间内将智能手机从年出货 300 万部飙升至年出货 2 亿部以上，意味着每秒钟就有 6.3 部华为手机通过零售门店销售到消费者手中，这种提升离不开华为强大的零售基础管理能力的支撑。这个如梦般的零售能力建设与提升过程，我有幸参与其中，一直有要记录华为零售的成长之路的想法。特别是在华为这两年经历挫折和磨难后，我的这种想法愈加强烈。我想通过书写华为零售的成长经历向外界展示，华为不是因为外界环境变化的偶然性而成功，而是因为自驱力以及华为内心强大的必然性而成功，这恰恰来自华为企业文化的核心价值观。谁也不能打败华为，打败华为的只有华为自己。

《华为零售》记录了华为的零售能力从弱到强的发展历程，可供零售管理处于萌芽期、探索期、成长期和成熟期的不同发展阶段的消费品类企业参考使用。

局限于本人的认知及写作表达能力，本书难免还存在不足之处，请各位读者批评指正。

朱秋虎

2022 年 10 月于上海

  大学毕业后，我进入手机行业从事销售和市场工作，负责过四大卖场（国美、大中、苏宁、永乐）零售大客户的零售工作，也负责过区域的零售。随着在零售管理中的不断实践和学习，我对零售的认知逐步加深。因为有这段基层零售业务管理操盘的实践经验，作为手机行业的一名"老兵"，我加入了华为终端销售与服务管理部，成为促销管理部的一员。彼时正处于华为零售的探索期，每天的零售工作就是忙着帮助运营商客户卖好华为的低端手机及其他产品。而当时手机业务几乎不赚钱，个人的工资、奖金等全跟业绩挂钩。

  要实现华为集团的"端管云"战略，智能终端是非常重要的一环。从 2008 年开始，华为决定自己运营终端业务，但当时并不是完全清楚应该怎么做。华为终端前后历经长时间的迷茫和阵痛，直到决定终端战略方向的 2011 年"三亚会议"结束后才正式启动华为终端向 2C 转型，开展实施面向消费者、面向高端、面向公开市场的三大转型战略。在这个过程中，华为零售业务也历经了数次大的调整。我有幸参与并牵头华为消费者业务集团（以华为终端为基础成立）的 MTL 营销变革转型实践，担任项目经理，与外部全球头部的咨询机构进行合作，梳理华为终端营销业务架构以及核心价值所在，找到营销的关键业务内容，在变革中找到零售管理在华为终端公司业务创造主价值流中的位置，使零售业务能得到公司资源的支持并得以大力发展。2013 年初我被公司外派到泰国，负责东南亚与印度区域市场十几个国家和地区的 Marketing 和零售管理工作。这段总部营销变革的经验对我在海外实战落地的帮助非常大。

《华为零售》这本书的内容构思早在多年前就在我的脑海经常出现，我一直在思考以怎样的逻辑和内容的呈现能客观反映出华为手机从 2010 年销售 300 万部到 2020 年销售 2 亿余部、华为终端销售规模从最初一两百亿元到 2020 年的 4800 亿元人民币的背后的故事。我记得余承东刚来终端公司的时候，组织了终端公司全员站店行动，让全体管理者和员工都去门店学会卖手机。这个行动的背后也体现出华为 2C 转型的战略决心。从真正意义上去了解终端客户服务好消费者，满足消费者的需求，这就是我们的最高战略，也是最低战略。战略决定业务，业务决定流程，流程决定组织，组织决定成败——这就是本书的基础逻辑与架构。

在华为终端发展的每个时期，随着战略的不断调整，华为零售的重点也在调整。从促销到零售管理四要素到大零售（GTM/渠道 /MKT/ 零售）再到生态零售，不断迭代、不断提升，才有了华为手机和荣耀手机系列产品持续成功上市，才有了 P/Mate/NOVA 等优秀中高端系列产品的持续热卖，以及其他品类产品的不断成功。

　　华为终端的成功有很多原因，在笔者看来，有两大因素特别重要，值得大家参考，第一，有非常确定的战略方向，即三个面向；第二，有足够的战略耐心。因为相信，所以看到。在余承东的微博里经常可以看到非常激昂的过程性目标，看似不可能，但后来都实现了，因此他得了个雅号"余疯子"，过程难度可想而知。

　　因为本人认知能力的局限，本书难免还存在不足之处，请各位读者雅正并不吝赐教，在此表示感谢！

许临峰

2022 年 10 月于深圳

.

CONTENTS | 目录

绪 论

骨子里自带的零售成长基因

第五篇

零售成熟期（2016—至今）

绪　论

"十年间，从 100 万到 10 亿，从 0 到 1 万，华为从不为人知的品牌成长为了全球领先的智能设备品牌，赢得了极佳声誉。"

这是华为消费者业务 CEO 余承东在 2020 年华为年度旗舰新品发布盛典上分享的两组数据：一方面，十年之前，华为的智能手机用户只有 100 万，到 2020 年，全球范围内华为的连接设备超过 10 亿部，其中有 7 亿部是智能手机；另一方面，十年之前，华为的体验店数量为零，到 2020 年，仅中国区的零售体验店数量就已超过了 1 万家。

"华为持续大力投资于技术和创新，我们一路保持领先地位，不仅有更好的信号，还有更新的技术支持，比如最先将专业影像能力放到手机中来。"余承东说，"华为着力于打造有温度的零售新体验，我们在上海南京东路上开设了全球最大旗舰店，营业面积达 5000 平方米。我们在中国在全球不断打造零售体验店，为的是把全场景智慧生活带给全世界人民。"他还披露，华为的消费者满意度持续稳居全国第一。华为在全国设有 2000 多家售后服务网点，覆盖了全国 97% 以上的地市和70% 以上的县区，并提供各种优惠贴心的服务。

近些年，以华为手机为代表的华为消费者业务蒸蒸日上，华为旗舰店、体验店、专卖店遍及大街小巷，在中国下沉至乡镇级市场，在全球各国家也遍地开花。业界都很好奇，华为作为一个B2B的公司，如何在B2C业务方面也做得如此成功？其实，华为的消费者业务并不是一下子就做得很好，也是经过了长时间的摸索、试错和累积的过程才有了这样的成绩。在华为手机销售量不断提升的过程中，华为的零售管理业务作为其中重要的一环一直发挥着巨大作用。

在讲述华为零售之前，我们先了解一下零售相关的背景知识。

被誉为"现代营销学之父"的菲利普·科特勒博士对零售是这样定义的：零售就是将商品或服务直接销售给最终消费者，供其个人非商业性使用的过程中所涉及的一切活动。零售，顾名思义，"零着卖"，因此，这种方式决定了零售行业与其他行业相比具有一些独有的特点：商品和服务、最终消费者、一个活动。再精炼总结，就是"人、货、场"，这也是零售的三大要素，如图1所示。

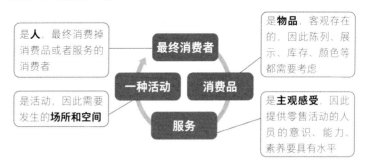

图1　零售涉及的"人、货、场"要素

伴随中国零售发展的历史进程，零售的"人、货、场"三要素在不同时期有着不同的重要度排序。起初，在物质较为缺乏的时代，市场上的产品品类与规模均十分有限，产品供不应求。此时，货不愁卖，且无存货风险，因此"货"便成了零售业关注的核心。彼时各方面对产品的质量重视也不够，因此产品质量也参差不齐。在这个阶段，"人"的地位可以说是最低的，"场"居中（重要度排序为：货、场、人）。

随着经济的发展，市场上的商品不再稀缺，处于供需两旺阶段。这时，"场"就成为核心要素，商品需要场地去销售，谁拥有渠道资源、最早发现并占据场地的黄金位置，谁就能在众多品牌中占得先机，脱颖而出。"国美""苏宁"就是一个很好的例子，有场地、能销售，它就成为家电零售的核心。这是一个渠道为王的时代（重要度排序为：场、货、人）。

随着经济进一步发展以及人们收入水平的提高，消费者的消费偏好与需求都发生了新的变化，而此时市场上的产品供给很丰富，基本处于一个供大于求的阶段，于是"人"便成了这一新零售时代的核心要素，主动权就掌握在消费者手里。消费者不仅考虑商品的质量与价格，更好的服务和体验也成了人们购物时考虑的重要因素。如何用高质量的产品在合适的空间场所满足消费者的需求，实现销售，这是当前所有经营者所面临的挑战。零售管理在这一时期越发地重要起来（重要度排序为：人、货、场），如图2所示。

供求关系	"人、货、场"重要度排序			重点关注
供不应求	货	场	人	有货就行
供需平衡	场	货	人	渠道为王
供大于求	人	货	场	以人为本坪效转化

图 2　销售（零售 + 渠道 + 产品）管理体系的演变

通过以上对零售的发展阶段的介绍以及"人、货、场"等要素的分析可得知，如果想要做好零售，就需要关注消费者（给消费者创造价值、提供良好服务和极致的购物体验）、提供极致产品、关注线上线下门店的管理、关注零售团队管理及零售 GTM[①] 管理等相关内容。

在这样的大背景下，华为从成立终端业务部那一刻起，就开始了对做好零售业务的探索，在经历了零售的"萌芽期、探索期"后，通过向公开市场转型的变革，最终走向了"成长期、成熟期"，就此拉开了卓越零售管理、宏零售（IPMS 集成产品营销、销售与服务）运作的序幕。

① GTM，即 Go-To-Market，产品如何走向市场。实际上这个模块是一个大流程，针对产品如何走向市场，走向客户。GTM 的策略实际上是很复杂的。

第一篇

骨子里自带的零售成长基因

第1章　以人为本

1.1 以客户为中心

华为就是金刚川上的那座"人桥"

2020 年底，得到 APP①创始人罗振宇在一次公开演讲中分享了一个华为云公司销售的故事。在短时间内，这个故事，包括这位名叫陈盈霖的华为员工火遍行业圈，让不少人惊叹"华为铁军真厉害得吓人"！

故事要从罗振宇收到的一封邮件开始，就是这一封邮件的内容震撼了罗振宇，让他愿意换掉合作多年的数据服务商，而将这个每年能带来几千万收益的合同给华为。

陈盈霖在邮件里是这样写的：

1. 我们不是要"挣客户的钱"，而是要"帮客户挣钱"。

因此，当得知"得到"要做企业服务需要客户时，华为云已

---

① App 是 Application 的简称，主要指安装在智能手机上的第三方应用程序。

经在内部层层筛选，帮您找到了一个目标优质客户，可以帮助"得到"促成一个 500 万元的大单；

2. 不要有顾虑、不要有压力。即使"得到"最后没有选择华为云，刚才提到的这个合作我们也会尽力促成，至于"得到"与华为的合作可以慢慢来，不着急；

3. 华为云的总裁和副总裁都在高度关注这个项目。在友商那里，"得到"可能只是个大客户，但在华为云这里，我们会倾注所有优质资源和优秀人员投入这次服务中去；

4. 华为精神。您就是拒绝我们 100 次，我们相信在第 101 次的时候一定可以在某个点打动您；

5. 我们没有"美式装备"，但是在您最需要的时候，我们一定是金刚川上的那座"人桥"。

相信看过这封邮件后，所有人都会产生和罗振宇一样的想法："华为人对客户的认真态度让我肃然起敬，他们真的在为别人着想，我的所有顾虑都被搬空了。我眼前只有一条道路，通向和华为的签约。"

"我们没有'美式装备'，但是在您最需要的时候，我们一定是金刚川上的那座'人桥'！"罗振宇被这一句话深深感动、彻底折服了。华为销售人员的这一句话，深刻体现了华为30 多年来的企业文化和精髓，可以说是华为精神的完美诠释。通篇邮件没有推销产品的苦苦相求，唯有诚意满满的成人之美，可以看出处处体现着华为"以客户为中心，为客户创造价值"的核心价值观。

"以客户为中心"从华为创建那天起已写入华为DNA

1987 年刚从重庆电信局辞职下海的陈康宁在重庆创办了一家公司，业务是向重庆地区的单位用户推广程控小交换机。通过一次一见如故的会面，任正非的真诚和直率打动了陈康宁，于是陈康宁就成了华为公司在重庆地区的代理商。

1988 年，陈康宁陪同客户一起到深圳参观考察华为公司和订货，见识了让他终生难忘的一幕：

双方谈好合同时刚好是华为公司下班时间，任正非安排华为公司唯一的一辆小车送客户去南头的南蓉酒家用餐。车开了，陈康宁坐在车上，客户和陪同客户的华为员工也在车上。陈康宁看着华为的老总——任正非一个人沿着弯弯曲曲的土路，穿过农田和荔枝林走回家。

这是《华为研发》一书开篇记录的小故事。在华为，客户永远是排在第一位的，这一点从华为诞生那天起就再也没变过。

"以客户为中心"在华为可不是一句口号或者简简单单的一个行为，而是数十年如一日的行为准则、全公司遵守的核心价值观。在 2009 年华为公司年报上的 CEO 致辞中，除前两段叙述事实外，其余七段都提到了"以客户为中心"、围绕"为客户提供价值"这一理念而开展相应的业务活动，不难看出"以客户为中心"已写入华为的 DNA。

"2009年，在复杂的经济形势下，华为依然实现了稳健增长。……在此，我们衷心感谢广大客户、合作伙伴及业界同仁对华为的大力支持。

目前，华为已服务全球50强电信运营商中的45家，我们与客户的关系得到进一步提升……

我们始终围绕客户需求持续创新，建立了包括电信基础网络、业务与软件、专业服务、终端等在内的端到端优势，不断为客户创造新的价值。在电信基础网络领域，……我们持续帮助客户向全IP融合转型；在业务与软件领域，我们为客户构建增加收入和提升效率的平台；华为将专业服务作为战略投资方向之一，助力客户构建竞争优势。……我们聚焦运营商转售市场，继续保持了领先的市场地位。……

我们坚持以客户为中心，为更好地服务客户，华为持续地进行内部管理和组织流程的变革。……

与此同时，为保证对客户需求的快速响应及优质交付，我们实施了组织结构及人力资源机制的变革，……能更深刻地理解客户需求并提升客户信任，最终实现良好有效的交付以帮助客户实现商业成功。

我们还优化区域组织设置，……灵活地调配全球资源以更好地服务客户。……

……我们将继续加强在专业服务特别是管理服务方面的投入，在帮助客户提升运营效率的同时获得自身发展。

我们始终坚信，只有客户的成功才有华为的成功；我们坚信企业内部以奋斗者（包括投资者与劳动者）为本有利于

华为零售

更好地为客户服务。……华为将继续聚焦客户的压力与挑战，匹配客户的战略需求，为客户创造新的价值。

我们要衷心感谢客户和合作伙伴一直以来的支持和信任！感谢我们长期保持艰苦奋斗精神、在全球各地全力以赴服务客户的华为员工。面向未来，华为全球 95000 多名员工将继续秉持成就客户、艰苦奋斗等核心价值观，与客户一道，为丰富人们的沟通和生活而不懈努力。"

1993 年，华为因为代理香港产品的缘故，所以产品宣传资料是用繁体字写的。封底上的一段宣传口号是"到农村去，到农村去，广阔天地大有作为。"另有一段话是"凡购买华为产品，可以无条件退货，退货的客人和购货的客人一样受欢迎。"

2011 年 3 月 11 日，日本发生的里氏 9 级大地震导致通信设备损毁，大量受灾群众失去了通信信号。而在此时，包括 N 公司、E 公司等通信设备厂商在内的大批跨国公司选择撤离日本，弃日本灾民于不顾。只有华为选择留下来坚守岗位修复通信设施，而时任华为 CFO 的孟晚舟更是从中国飞赴日本到第一线去亲自指挥抢修。据她回忆，当时停在香港机场的日本航班马上起飞了，机舱内却空空荡荡，"您是不是坐错航班了？"当孟晚舟走进机舱，另一位乘客这样问道。航班机组人员也为此多次进行确认。在当时，前往日本确实令人不解。此次航班仅有两名乘客，一名是日本人，而另一名就是孟晓舟，她要去和华为同事并肩战斗。正是在华为工程师的不懈努力之下，短短一周内修复好了 600 多个基站，也让受灾地区的通信得到了恢复。华为为什么能够做到这一点？因为华为秉承"以客户为中心，为客户创造价值"的理念。

让人人享有宽带

华为以"丰富人们的沟通和生活"为愿景，运用信息技术领域的专业经验，为消除数字鸿沟积极努力，使人们在任何时间、任何地点、通过任何终端都能享受到无差别的信息通信服务和体验。华为致力于客户需求并持续进行创新，同时也致力于"让人人享有宽带"，努力推进宽带网络部署，帮助建设国家宽带网络，促进当地社会经济发展。

瓦努阿图①是位于南太平洋西部的岛国，由83个岛屿组成，其中68个岛屿有人居住。为搭建网络，华为员工在雨林中用砍刀开路，克服着种种艰难险阻，使得连接80多座岛屿的光缆铺设工程顺利开工。同样，在阿富汗②、厄瓜多尔③等国家，华为员工冒着战乱带来的危险坚守在岗位上，保障当地的通信系统顺利运行。正是通过这些努力，华为为拓展通信覆盖面、方便当地人们的沟通和生活作出了重要贡献。

2010年2月27日，智利发生里氏8.8级地震。地震发生

---

① 瓦努阿图共和国（The Republic of Vanuatu），简称瓦努阿图。
② 阿富汗伊斯兰共和国（The Islamic Republic of Afghanistan），简称阿富汗，是亚洲中西部的内陆国家。
③ 厄瓜多尔共和国（西班牙语：República del Ecuador），简称厄瓜多尔，是位于南美洲西北部的国家。

后，当地客户因为地震造成的设备损毁而中断了部分业务。华为第一时间派工程师前往受灾城市修复站点，冒着余震的危险，在停水停电的情况下抢修设备。经过三天的检查和修复，站点恢复工作基本完成。

2012年12月4日晚间，台风"宝霞"突袭了菲律宾棉兰老岛，将大片房屋夷为平地，彻底毁坏了基础设施。"宝霞"是棉兰老岛南部所遭受过的最强的台风。暴风雨造成超过1500人死亡，数十万人无家可归。由于移动服务遭受灾害的影响，致使通信中断，受灾者无法顺利地与外界和亲属联络、获得信息及寻求帮助。灾害过后仅三天，华为、沃达丰基金会、智能通信和无国界电信组成的团队在Baganga镇协调中心建立了应急网络，有效帮助当地救灾工作的开展和灾后恢复重建……（这一超强GSM^①应急网络是由华为与沃达丰共同研发的，在紧急情况下可快速建立和恢复网络，设备仅重100kg，可装入三个手提箱内，能携带至任何民航飞机，并在40分钟内完成部署）。

这样的案例在华为不是个案，而是已成为华为员工的一种本能和习惯。客户在哪里，华为就会在哪里，与客户同在。华为在"为客户创造着价值的同时，也主动承担着社会的责任"。

有了"以客户为中心"的核心价值观、有了这种华为精神，在B2C业务上，将"B2B"的客户换成"B2C"的消费者，华为有理由做不好吗？华为正是将"以客户为中心"的价

---

① GSM（Global System for Mobile communications）是全球移动通信系统。

值观一以贯之，才有了 2011 年 12 月 15 日时，总裁任正非签发三亚会议决议，明确"华为终端产业竞争力的起点和终点，都是源自最终消费者"。

1.2 以奋斗者为本

华为一直坚持"以奋斗者为本"的企业文化。积极进取、持续奋斗的员工是公司最宝贵的财富，也是华为得以实践"以客户为中心"战略的核心保障。公司在成长机会、薪酬待遇等方面向奋斗员工倾斜，"让火车头加满油"，必须使奋斗者得到及时、合理的回报。华为建立了双重任职资格体系，员工可从管理、专业两个方面获得个人的职业发展通道；还建立了完善的培训体系，满足奋斗者对学习的需求。华为公司也高度重视员工的身心健康和内部组织氛围的和谐，成立了专门的员工健康指导中心，并设立了首席员工健康与安全官，为员工提供完善的员工保障，使员工能够身心愉快地工作，在组织成功的同时，实现员工自己的价值。

华为的人，离职基本只能创业

为什么说华为人离开华为后只能创业呢？因为很难再找到同等待遇的公司了。很多猎头公司也反映挖华为的人太难了。很多年前就有一个笑话：一名猎头给某华为员工打电话，说招聘的企业给出的薪资很高，不低于年薪 100 万元，华为员工回答说自己一年收入缴纳的税金就已超过 100 万元了。虽说是笑话，但华为人的收入高是不争的事实。

1992 年底李一男刚到华为的时候，经理告诉他华为骨干工程师的收入有希望在两年以后达到西方普通人的水平。李一男觉得这种说法也许有点夸张。然而，收入增加的速度比想象中的还要快。一年后他的收入就达到了西方普通人的水平。当他在 2001 年走出华为时拥有的财富已经要用千万元计了。

其实，这种情况在华为并不罕见。很多在华为工作十年之久的高管或技术骨干，离开时都有上千万的身家。在 2000 年，华为到南开大学招聘时就承诺"月薪不低于 4500 元"。据一位华为人回忆，那时学士的月薪达 7150 元，双学士 7700 元，硕士 8800 元，博士 10000 元，年终还有 10 万～16 万元的公司股票分红。这个水平比深圳一般公司高出 15%～20%。

1996 年，华为曾经以年薪 10 万美元聘请了一批"海归派"来搞技术研发。当一位华为以年薪 40 万美元聘请的从事芯片研发的工程师入职后，华为发现他有更大的价值，立即将他的年薪调整到 50 万美元。

曾经有一位已经离职的华为员工说："华为对技术开发人员的确很够意思，像我 1995 年刚进公司的时候，他们就开出了 6500 元的月薪，后来慢慢涨到了 12000 元，加上其他的补助，拿到手上的数字还要高一些。"在办好一切离职手续后，他意外地发现自己还拿到了一大笔年终分红，他表示当时除了吃惊之外几乎都有点儿后悔离开华为了。

三鼓励，三优先

华为对人员实行"三鼓励、三优先"策略。

三鼓励：

1. 鼓励机关干部到一线特别是海外一线和海外艰苦地区工作，奖励向一线员工倾斜，奖励大幅度向海外艰苦地区倾斜；

2. 鼓励专家型人才进入技术和业务专家职能发展通道；

3. 鼓励干部向国际化、职业化转变。

三优先：

1. 优先从优秀团队中选拔干部，出成绩的团队要出干部，连续不能实现管理目标的主管要免职，免职的部门副职不能提为正职；

2. 优先选拔责任结果好，在一线和海外艰苦地区工作的员工进入干部后备队伍培养（华为大学的第一期就办在尼日利亚）；

3. 优先选拔责任结果好，有自我批判精神、有领袖风范的干部担任各级一把手。

建立股权激励机制

1. "知本主义"

任正非说："我们已经走到'知本主义'这条路上，我们把知识作为本钱，知识里面已隐含贡献，历史贡献在企业以股权形式得到补偿。"华为的员工根据表现可获得一定数量的股权认购额度，员工可自愿购买股权并按照股权获得分红；这些股份不允许员工之间相互买卖，员工在离职时，所有股份将由华为公司进行回购。知识能够产生巨大的增值价值，让员工通过知识获取资本，可以极大地激励和凝聚员工。

2. 四次大规模股权激励计划

第一次是在创业初期的股票激励，以"每股 10 元，以税后利润 15% 作为期权分红"的形式进行激励。此时的华为薪酬包括工资、奖金以及股票分红。第二次是在互联网泡沫时期的股权激励；第三次是在"非典"时期开展的自愿降薪运动；第四次为全球经济危机时期的激励措施。

3. 全员持股，基业长青

华为股权激励机制，一方面减少了公司现金流风险，另一方面增强了员工的归属感，稳住了创业团队。任正非的权威性，不是通过控制员工实现的，而是激发了员工的自觉自愿和尽心尽力。

不"拼爹"，不"拼妈"，一切看贡献和能力

华为的干部选拔没有年龄、资历标准，只以责任结果、贡献度为考核标准。在华为，不论资排辈，年轻后辈也能当将军。在 2017 年时，约有 60% 的部门经理是 85 后，41% 的国家总经理是 80 后，还有 80 后的地区部总裁。在华为，3 年从士

兵到将军,不是神话。

2006 年刚刚毕业 1 年的高亮,利用业余时间编写了一段程序来验证自己思路的可行性:对客户需求不是僵硬实现报表的功能,而是可以根据配置生成任意报表。他的想法获得了项目经理的支持。

在只有短短两个月的时间里,高亮加班加点编写代码,优化算法,测试各种场景,最终如期交付了新程序。结果是喜人的,在同样满足客户所有性能指标的前提下,平均开发一张新报表的周期从原来的两周缩短至一天,效率大为提高。很快,高亮被调入新的项目中委以重用,承担更大的担子。高亮不负众望,在新项目中开发出新的工具,使同样的团队从过去同时交付两三个运营商客户,到可以同时交付八个以上客户,高效支撑了多个局点的交付,工作效率大为提升。

华为公司对高亮的贡献给予了肯定,为这个新语言精心命名为"glee"(gl 是高亮的拼音缩写)。这是华为公司软件首次以开发者命名,这极大地激励了作为程序员的新员工。

这是《华为研发》中记录的一个小故事,以一个仅入职 1 年的新员工的名字命名软件,这在其他公司是不敢想象的。除名字用于命名代码的激励外,高亮还获得了华为公司十佳模块设计师、金牌奖等荣誉。两年后,高亮参加了华为公司成立 20 周年的奋斗者大会,并获得了业务创新个人奖。

还有一个嘉奖案例。2013 年在伦敦圆屋剧场发布的 P6 是华为由运营商市场向公开市场、由低端机向高端机转型过程中第一款"找到感觉"的成功产品。以"美是一种态度"的品牌理念引导消费者去感受和发现美。由于 P6 的设计太过精彩，得到广大运营商、代理商及消费者的认可，因此公司决定对 P6 的设计与架构团队进行嘉奖。下面是嘉奖方案，相信其他公司的研发人员会非常吃惊与羡慕：

自终端公司重点机型 P6 发布以来，其工业设计得到了业界的广泛好评，有力地提升了我司智能手机的品牌影响力。为表彰 P6 设计与架构团队的突出贡献，鼓励不断创新、勇于超越，拟鼓励如下：

奖金核算规则

1）发货量达到 100 万部为奖励触发条件，低于 100 万部时不奖励；

2）根据实际发货量，按 1 元 / 部进行奖励；

3）在发货量分别达到 100 万部、300 万部、终止销售时核算并发放奖金。

以上这两个案例只是华为"对奋斗者褒奖、不让雷锋吃亏"众多案例中的冰山一角，充分体现出华为"不'拼爹'，不'拼妈'，一切看贡献和能力"的价值观及行为准则。

华为的员工职业发展模式

华为清晰规划了员工的职业发展通道，明确员工的职位与职责，激励员工努力作出贡献（如图 3 所示）。另外针对管理者的任用，华为采用绩效、品德、领导能力等均衡的选拔原则。管理专家、技术专家，在华为，只要肯干，总有一条适合自身发展的路。

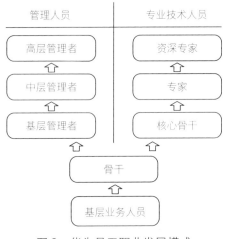

图 3　华为员工职业发展模式

完善的培训体系

1997 年春晚，歌手那英首次登上春晚舞台，演唱了一首《青青世界》，词作者是著名词作家、剧作家，北京大学歌剧研究院原名誉院长乔羽。歌词中展示的意象美、情境美、格调美和语言美，建构了一个音乐中"青青世界"。

深圳南山有一个景区也叫"青青世界"，而这首《青青世界》正是乔羽为南山的青青世界有感而作。1996 年的夏天，华为任正非邀请乔羽来深圳，为事业尚处于初创期的华为写公司主题歌，乔羽就下榻在作为华为公司的培训及生活基地的"青青世界"里。在这样一个远离都市喧嚣的田园般的自然风情环境里，被绿色氛围包裹，乔羽陶醉其中。此刻他心潮澎湃，感慨万千，思如泉涌，遂写下一首名为"青青世界"的歌词。

　　"请到这里来

　　请到这里来

　　这里有一个青青的世界

　　青青世界

　　青青从哪里来

　　青青从哪里来

　　青青从这里的每一片草上来……

　　青青从这里的每一片树叶上来……

　　青青从早晨的鸟语中来

　　从夜半的蛙声中来……

　　青青从你的眼波中来

　　从你的梦境中来

　　……"

　　读着歌词，都能使人眼前浮现出一个诗情画意的世界。华为将培训基地安排在这里，可见华为对培训的重视与关注。

　　华为的培训理念是要用最优秀的人，培养更优秀的人。华为新员工入职，都要经过 1~2 周的大队培训以及 3~6 个月不等的实习。新员工入职培训就在青青世界中。一名校招员工在他的日记中写道:"青青世界是在深圳南山脚下一个集娱乐、休闲、亚热带园林景观于一体的休闲场所。"华为在此长期租用了房间作为教室,在附近租用招待所作为新员工(学员)的住所。大队培训集军训、企业文化培训、纪律教育于一体。纪律要求相当严格,不能迟到,不能早退,每天早晨天不亮就要列操跑步喊口号,然后开始一天的学习。学习公司的发展史,如何从一个几万元注册资本的小集体公司发展到××亿元的大公司;学华为"烧不死的鸟是凤凰,狭路相逢勇者胜,胜则举杯相庆,败则拼死相救,板凳要坐十年冷……"的企业文化。

在华为培训中心,讲师都是专职老师,同时还有从各部门抽派的兼职教师,负责讲解公司的实际业务案例,讲解公司的纪律,讲产品、供应链、财务等知识。每个学员班都配有班长和班主任,对于刚刚离开象牙塔的校招生来说,这些都让他们感觉又回到了大学时光。在这里不仅白天上课,晚上还要进行学习体会的研讨,写学习心得等,一天下来,很累,但很充实。

在华为,通过培训,可以帮助新员工更好地理解公司、快速融入集体;那些优秀的员工,可以参加赋能培训,例如加入战略预备队,循环积累专业能力;对于初级或中级管理者,可以通过干部发展等培训项目,完成管理者的转型;当然,还有针对高级管理者的培训,通过参加不同类型的研讨班提升视野、理解战略、践行核心价值观。

宰相必起于州部,猛将必发于卒伍。华为在实战中选拔人才,通过训战结合培养人才。华为的英雄都是在泥坑中摸爬滚打出来的，华为不论资排辈，因此华为的"英雄倍出"中的"倍"不是一辈子的"辈"，而是加倍的"倍"。华为用最优秀的人培养更优秀的人，华为的培训体系十分完善，是像战斗一样训练。

华为不仅培训公司内部的员工，还负责培训客户的员工。华为为用户的培训一般是在购销合同中签订的，也可以与华为相关部门如当地办事处签订培训合同。培训分 A、B、C 三个等级，A 级培训简称 A 培，是最高级别的培训。当单位购买设备的时候，一般都会随合同赠送若干培训名额（具体培训级别和数量视具体情况而定）。A 培是在深圳培训一个月，主要学习理论，然后被分配到华为驻全国各地的办事处实习，指定一名老员工担任培训学员的指导教师，和华为工程师一起出差、安装设备、排除故障等。实习期间，在出差补助、住宿标准等方面培训学员与华为工程师享有同等待遇。理论学习完毕后要进行考试，实习完毕后要进行答辩。华为的培训虽然比较辛苦，但由于是训战结合的培训，是可以学到真本事的，而且培训环境和待遇很好，用户的维护人员都希望能得到这个机会。这里还有一件趣事：某外国客户购买了华为交换机，派人来深圳青青世界参加培训。由于这里风景太美了，待遇也很好，参加培训的人都不想走，于是故意集体考试不及格，要求再培训一轮。

华为对待培训有足够的重视，也具有完备的培训体系，因此，当华为由 B2B 向 B2C 转型时，当向公开市场迈进时，零售管理相关的培训工作也就很顺畅地展开了。

第 2 章　关注服务及质量

2.1 极致服务

服务意识贯穿于公司生命的始终

　　"华为是一个功利集团，我们一切都是围绕商业利益的。因此，华为文化的特征就是服务文化，因为只有服务才能换来商业利益。我们只有用优良的服务去争取用户的信任，从而创造资源。""华为公司只有一个鲜明的价值主张，那就是为客户服务。""我们还要学习苹果公司的服务体系，我们要让消费者自动把钱拿出来，服务也是最重要的一个环节"。这三句话分别摘自任正非在 1997 年、2009 年、2017 年不同会议上的讲话。可以看出，在这跨越 20 多年的各次讲话中"以客户为中心、用心为客户服务"作为华为的宗旨从来没有变化过。下面一个小案例就可以让我们感知，华为的服务意识不仅仅是停留在口头上，也根植在每一个员工的心中。

巴展①上的一杯奶茶（2010 年）

故事的主人公叫余波遯，是华为客户工程部的一名普普通通的员工，在巴展期间，她负责展台区的接待工作。

一天，一位客人走进展区，在简单问候之后，小余向客人询问要喝点什么饮料。客人说想喝杯奶茶，但在展区提供的饮品中并没有奶茶。怎么办？小余请客人稍等片刻，然后走到饮品区用一杯红茶加牛奶，再放了些糖，自制了一杯奶茶，然后轻轻地递到那位客人面前。"先生，您的奶茶，不过，是我自己尝试制作的，请您品尝。"客人非常吃惊，笑着接过奶茶开始品尝。小余问及客人的感受，能够为这杯奶茶打多少分呢？客人笑答"60 分"。

这怎么行，小余感到很抱歉。当晚下班后，小余立即用手机查找奶茶的制作方法，用笔记本写下来。第二天一到展区，就立即按照查到的方法练习制作。红茶用多少温度的水泡？牛奶放多少比例？先放红茶还是先放牛奶？咖啡需要加多少？糖需要加多少？每做好一杯，她就让旁边的同事品尝，然后再根据他们的品尝反馈不断改进。最后，同事笑夸已经喝撑了，喝不下了，不过"你的奶茶，无论是从颜色、香味和口感都已经有 95 分了。"

没过多久，那位客人又再次来到展台。于是小余马上按照练习已久的配方开始为客人制作奶茶。可想而知，客人喝

---

① 世界移动通信大会 MWC（Mobile World Congress），从 1995 年举办至今。从 2007 年起，固定在西班牙巴塞罗那举行，业内俗称"巴展"，现已发展成为全球最大规模的通信技术盛会。

完笑得很开心："今天的奶茶比昨天的进步很多，你怎么做到的？"当得知小余的准备过程之后，客人评价说："这是一杯很令人回味的奶茶！"

客人被华为人的会心微笑、热情服务感动着。这就是可爱的华为员工，想法很朴素，那就是一定要提供极致的服务，让客人满意。

华为初心一贯"以客户为中心、为客户创造价值"，将其中的"客户"替换为"消费者"，改为"以消费者为中心、为消费者创造价值"，这句话看起来也不会突兀，完全可以作为华为终端开展消费者业务的总体指导思想。可见，华为从一诞生、从事 B2B 业务时就深知"客户满意是华为生存的基础"，华为具备做好零售业务的底蕴和先决条件。

2.2 质量就是生命　质量就是自尊心

华为是从代理小型交换机起家的。当时中国百业待兴，用户小交换机的市场十分火爆，全国的代理商也多，竞争十分激烈。在这种情况下产品供不应求，代理商就会面临诸多问题：提前打款给厂家订货，工厂仍然经常发不出货；产品出现质量问题，得不到及时的维修；另外，厂家也没有备件提供给代理商备用。华为为了服务客户真是吃了不少苦，为了客户需要，最后将好的交换机拆成零件用于维修。正是有了这种痛苦的经历，华为从涉足生产、"自给自足"那天起，就特别关注产品的质量。好的产品就是好的服务，因为好的产品可以减少大量的售后服务等带来的损失；好的产品就是好的销售，因为好的产品可以避免错失潜在客户的销售机会，为公司带来口碑和订单。

"我们的一切工作，要以质量为优先，研发、采购、制造、供应、交付等都要以质量为优先。我们对客户负责，首先是质量；我们与供应商分享，首先也是质量。所以在我们所有的采购策略中，还是质量是第一位的。不管是技术评分，还是商务权重等，就是以质量为中心。没有质量就没有谈下去的可能性。这些年我们公司总体还是坚持以质量为中心的，包括终端，这些年坚持质量第一的道路，就走正确了，慢慢就追上来了。"[1]

案例：为保证质量销毁价值 2200 万元的手机

2015 年 5 月，华为荣耀有一批手机在运输途中，发生了罕见的货柜车轮胎起火事件，导致此批手机受到高温影响。虽经检测 98% 以上的手机都是外观完全良好、功能满足出货标准，但荣耀仍决定全部销毁这批价值 2200 万元的手机，只因避免手机在使用 1~2 年后出现 2% 概率的质量问题。华为不计较损失，销毁了手机，把隐患"扼杀在了摇篮中"，消除了用户的"后顾之忧"。这是华为将"质量视为生命"最真实的写照。

---

[1] 摘自任正非 2015 年 9 月在 EMT 办公会议上的讲话。

高质量来自高标准

华为产品进入北美市场时，因为人力成本高昂，北美市场希望产品的质量能够达到终身免维护；而进入日韩市场时，日本和韩国都是非常关注质量的国家，华为又面临"零缺陷"的质量文化的考验。

为了满足全球的质量标准，让产品畅通无阻，华为在质量上实施高于业界的标准，包括产品跌落测试、声压测试和辐射测试等均采用高标准执行，以最大限度消除极端环境因素对产品性能的影响。

每当遇到元器件故障时，华为都会请供应商分析并解决，当供应商无法解决时，公司会依托强大技术研发能力自己探索解决办法，再把技术标准告诉供应商并告知该如何改进。

用超出业界常规的质量标准去激发暴露更多故障，再用自身强大的技术能力和平台实力去分析和解决，最后把解决方案扩展到供应商，从而推动整个产业链的发展，已经成了华为质量工作的一个常见模式。

案例："你们真是疯了"

业界对手机按键的规格定义是能按一百万次，而华为则不然，测试时一直按一直按，按到坏为止，次数早就超过一百万次，然后查找根因、解决问题。好多供应商都说过同样一句话："你们真是疯了。"供应商认为超过业界标准，一方面增加成本，另一方面也没有必要。但华为人认为很有必要，目的就是为了给消费者带来更好的手机。华为每年发货量都以亿计，哪怕故障率为万分之一，那也会给一万名消费者带来较差的体验，这是华为绝不能允许的，也不能接受的。因此华为很自觉、很尽心地提高质量门槛，以最大程度减少由于产品质量给消费者带来的不满意。

2.3 关注细节　做到极致

"这是阳光明媚的一天，10 天的培训终于结束了，大家聚在一起留一张毕业照吧，有人建议登在《华为人报》上，算是这些各办主任给全国各地的朋友拜拜年。为了保证效果，'啪啪'地照了好几张。最后洗出来一看，有一张大伙表情不错，眼睛该大的大，该小的小，除了站在第一排的庆龙，眼睛几乎眯成了一条缝。而另一张照片上有好几位表情茫然，但庆龙表情却很好，睁着眼睛笑容满面。最后决定牺牲庆龙，保全大家，给各办寄去大伙表情好的那张，而给庆龙寄的呢，是他充满灿烂笑容的那张。"①

在 20 世纪 90 年代中期，人们在拍照时使用的还是胶片相机，拍照过程就是将胶卷放入相机中然后拍照，拍照完成后送

---

① 摘自《华为人报》第 013 期（1995 年 03 月 10 日）市场培训期间花絮。

到专业机构将胶卷冲洗出来得到照片。因此，在拍照的时候是不能即时看到照相效果的。为了保证质量，一般都是多拍几张。上面的这个小例子就是华为关注细节的一个表现，希望能够照顾到所有员工的心情、给所有员工一个完美的解决方案。

说到零售，一大特点就是 Retail is Detail（零售就是细节），这是业界对零售管理业务的经验总结。零售就是细节，而细节将决定成败。在关注细节这一点上，华为也有与生俱来的天赋。

这是一个 Mate7 研发时有关细节方面的小故事。

在一次试制过程中，采用人工点胶（将胶水涂在一毫米不到的宽度内），经常出现偏差，但这种肉眼看不出来的误差并不影响功能。但华为人不认可，与工人同吃同住，一起研究如何解决这个问题。工人都快被他们折磨疯了：零点几毫米的误差，人眼根本就看不出来，干吗要这么费劲？华为人就是这样执着，一定要交付给消费者完全符合质量标准的产品，即使有微小的误差也不可以。而关注细节正是"以消费者为中心"的价值观的最好的体现。

还有一个给芯片动手术的小故事。

2013 年时，有一款用于国外市场的定制手机，在用户使用了大半年后，有一定比例的手机在充电状态下出现黑屏，继而不能开机。华为第一时间进行故障分析和确认，在拆机后发现电源芯片已经烧坏。华为把损坏的芯片寄给供应商，希望对方能够找出原因，但该供应商也没有找出损坏原因。怎么办？供应商也找不到原因，将问题搁置吗？当然不。这个问题的根因找不到，就还会有问题出现，导致消费者的不满意。说干就干，华为组建攻关小组，经讨论大家确认解决思路：把芯片一层一层地"片"开，再逐层解析，借此可找出"病因"。给小小的芯片做手术，那程度不亚于在米粒上刻字，需要借助电子显微镜操作。就这样持续大半年，一周解剖一块芯片，攻关小组"尸检"了几十块问题芯片。终于有一天，一个兴奋的声音响起，"找到原因了！"原来芯片的抗电应力能力不足，过电应力击穿芯片的衬底层，产生小孔，从而导致芯片短路。问题点找到了，解决起来就不难了，自此华为手机再没被电源芯片烧毁的问题困扰过。

华为人就是有这样的精神，与细节死磕，不达目的不罢休。试想，带着这样的劲头去做事，什么事情做不好呢？

第 3 章　勇于变革

3.1 "削足适履"变革的勇气

1997 年，美元对人民币汇率固定在 8.27~8.28。华为花了 5000 万美元从 IBM 公司购买了一个叫 IPD^①的流程，并且还购买了 IBM 的咨询服务，而此时，1997 年全年华为的销售收入为 41 亿元人民币，相当于华为用全年的利润换回了一套流程体系。当时任正非给负责财务的总裁的指示是：不还价，只要求 IBM 有信心做好项目。现在回看，不得不佩服任正非的战略眼光和勇气。

在访问美国期间，IBM 涅槃重生的故事让任正非着迷，他对 IBM 这样的虽然是拥有 26 万人的大公司，但是却管理制度规范，让大企业像小公司一样灵活、响应速度快，种种因变革产生的变化有了新的认识，尤其对 IPD 整合产品研发流程的管理模型十分欣赏。他认真听取了 IBM 公司运作项目的全

---

① IPD（Integrated Product Development）集成产品开发，是一套产品开发的模式、理念与方法。

流程，包括从预研到寿命终结的投资评审、综合管理、结构性项目开发、决策模型、筛选管道、异步开发、部门交叉职能分组、经理角色、资源流程管理、评分模型等全面内容。后来任正非发现不仅仅是 IBM，AT&T①、朗讯也是这么管理的，这些管理思想都源自美国哈佛大学等著名大学的一些管理著述。

任正非深刻意识到："我们只有认真向这些大公司学习，才会使自己少走弯路，少交学费。IBM 是付出数十亿美元的直接代价总结出来的，他们经历的痛苦是人类的宝贵财富。"

1998 年，经过任正非发起，推动了在华为研发内部进行的"向美国人学习""向 IBM 学习"的活动，并组织了"创业与创新"的大讨论。华为在 IBM 顾问的指导下开展了 IPD 咨询项目。

人们都习惯于舒适和熟悉的环境，恐惧变化，这是人之天性，而变革势必会带来不安及戒备心理，潜意识是抵触的。因此变革往往又被称为"一把手工程"，意思是如果一把手不支持，变革活动很难开展下去。在推行 IPD 变革项目时，华为也遇到了很大的阻力，此时任正非指示：谁阻挠了 IPD 的发展，就把谁裁掉。

华为在任正非"削足适履"的口号下穿上了他向 IBM 定制的 IPD 这双"美国鞋"。在 IBM 设计的五年课程中，华为逐步在适应这双"美国鞋"，从学习到结合华为实际设计相应

———————————————

① AT&T（American Telephone & Telegraph），美国电话电报公司（AT&T Corporation 或 AT&T Inc.），是一家美国电信公司，创建于 1877 年，曾长期垄断美国长途和本地电话市场。

流程，再到小规模试行，最后大面积推行，成功实现一个从无到有的过程。最终，IPD 的理念进入了华为人的血液。经实践证明，IPD 流程给华为公司带来了如下好处：产品投入市场时间缩短 40%~60%；产品开发浪费减少 50%~80%；产品开发生产力提高 25%~30%；新产品收益（占全部收益的百分比）增加 100%。

在引入 IPD 流程之初的 2003 年，华为年销售收入 317 亿元人民币，研发人员 1.1 万人，平均每名研发人员的产出贡献是 288 万元人民币。而到 2019 年，华为的年销售收入为 8588 亿元人民币，总员工数为 19.4 万人，其中研发人员 9.6 万人，平均每名研发人员的产出是 895 万元人民币。可以看出，IPD 的推行有力地支撑了华为销售收入的扩大，同时，研发效率大为提升。

在引入 IPD 进行研发变革后，华为又陆续推进若干业务的持续变革，通过这些变革，华为不断地提升着各项能力，拓展发展的空间，也终将华为推向行业的巅峰。

3.2 强大的业务支撑平台

任正非在访日归来于 2001 年 6 月 29 日发表的《北国之春》里有一段话："华为是一群从青纱帐里出来的土八路，还习惯于埋个地雷、端个炮楼的工作方法。还不习惯于职业化、表格化、模板化、规范化的管理。重复劳动、重叠的管理还十分多，这就是效率不高的根源。"

任正非高瞻远瞩，早在 1993 年就在美国成立了分公司——兰博公司（后改名为 Futurewei，意为未来之路），目的是更快地提高华为公司的技术水平，为真正开发出国际先进水平的产品提供保障。早期美国分公司只有一位员工，叫阎景立。虽然只有一个人，但他对华为时刻把握科技前沿、争取美国合作伙伴、引进技术牵线搭桥的作用还是很大的。下面是 1995 年 5 月 5 日发表在《华为人报》上阎景立所作文章《INTERNET 信息高速公路的雏形》部分节选：

"提起信息高速公路，人们必然要谈到 Internet，因为在目前所有的电脑网络中，就能够提供的信息服务的类型的多样性，拥有用户的数量，网点覆盖范围，可供访问使用的工具，高速发展的势头来说，Internet 是一切电脑网络所无法比拟的。本文将对 Internet 的现状及其历史和今后发展的方向作以介绍，希望能对我们华为公司在今后建设中国的信息高速公路的宏伟巨制中所担负的角色和历史责任有所启迪……Internet 提供的信息服务可分为四大类：

1. 电子邮件。软件工具有：pine，elm 等。

2. 电子新闻，发布和接收，usenet。可以检索查询按不同兴趣读者群体分组的最新消息。已被开发作商业应用，市场推销和用户服务等。

3. 远端计算机访问，telenet 可在异地登录进网，就如同在本地使用自己的账户一样。访问任何允许使用的远端资源。

4. 远距离传送文件，数据和资料，ftp。

Internet 正在许多方面改造着信息产业，深刻地影响着人的生活方式。如报纸杂志发行的电子版可通过 Internet 来订阅，还可以提供多媒体娱乐节目。软件出版商通过 Internet 销售产品，或提供软件"订阅"和租赁服务。

由于历史的原因，Internet 的服务在美国是免费的。公司的雇员，大学的师生，研究所的科学工程师均可通过单位的局域网进入 Internet。个人也可向当地 Internet 服务站登记开立账户，手续如同向电话公司申请一个电话号一样。月费根据所提供的服务项目从美金 15~160 元不等。有了这个账户，你就可以同地球上的任何地方通信而不再花钱了……"

以及《兰博报导》：

一、2 月 7 日到 9 日，在旧金山举办了 Intermidia'95 展。这是一次全球性的多媒体会议和新技术、新产品的盛大展览。有以下特点：

1. 以 CD-ROM 为代表的多媒体产品已有长足的发展，开始从信息产业大量进入个人家庭。大量出版的各种娱乐、教育、知识参考、资料，进入普通家庭。出版发行业蓬勃发展。CD-ROM 成为人们圣诞、新年、生日庆贺的新型礼物。

2. 商用 CD-ROM 被广泛使用。一张光盘可存放 600 万个工商电话号码，实现了一盘在手，全国检索，瞬时可得。各大公司使用这种新媒体进行用户服务、技术支持、产品信息查询。如 Microsoft TechNet 通过网络 ComputerServe 向全球提供其产品应用资料，集成地向用户解答问题

（Microsoft 技术支持人员所开发和使用），平均每日可回答 2
万个问题的知识库。用户订阅这种在线的 CD 服务费为 295
美元，每月会收到一张光盘。

3. 报纸图书杂志发行的无纸化。电子地图等也应运而
生。预料会成为未来信息高速公路上交互式电视、图书资料
订阅的主要载体。可写 CD 及其记录器技术也有大的进步。

二、2 月 13 至 17 日，在旧金山举办了 Software
Development'95 会议和展览。参展公司推出了大量软件
开发的工具，以及新的编程语言和图像化编程工具。在
新的编程语言方面除了微软的 Visual Basic，Visual C++，
Eiffel（Interactive Software Engineering Inc），Watcom
C++（PowerSoft）等以及围绕这些语言所涌现的库、工具
外，又推出了一些新的语言，其中最受瞩目的是 Borland 的
Delphi95 和 Clarion 的 CLARION for Windows 以及较早时
POWERSOFT 的 PowerBuilder。

三、2 月 14 日至 17 日，在 SAN JOSE 举行了 Client/
Server 会议和展览。会议规模不大，展示的硬件不多，主要
是开发企业应用软件的工具和企业管理的软件包。

四、2 月 7 日，在 SAN JOSE 举办了 Electronic Imaging
Science & Technology 展览会，展出的大都为光学和光电产
品，如激光二极管等。

五、2 月 15 日，参加了 IBMAS/400 服务器讲座。据称
该机在去年 COMDEX（LasVegas）电脑展上经与 HP9000、
COMPAQ 同类产品进行对比测试，处理速度获冠军。

有了这个窗口，华为可以时刻与世界先进技术和理念保持同步。同时，每年华为也会选派部分骨干技术人员出国参加技术展以及考察科技公司。这些骨干看到了业界领先的产品，开阔了视野，同时也看到了这些科技企业领先的管理思想和理念，他们把这一切都带回了华为。

在美国，令这些技术骨干印象最深刻的是美国企业先进的管理水平，而这也促使华为成为国内最早开始引入美国技术管理流程的公司。

从 1997 年开始，华为通过与世界级管理咨询公司的长期合作，在研发、供应采购、销售服务、人力资源管理、财务管理和质量运营 IT 等方面系统性引入业界领先实践并与华为实际相结合，形成适合华为的以客户为中心、以奋斗者为本的管理体系。华为持续开展管理变革，聚焦公司全球流程架构的建设与持续优化，建立全球流程责任人制度，从战略、需求管理、质量运营 IT 等方面构筑华为的核心竞争力，不断强化以流程型和时效型为主导的管理体系建设，以期更好地满足客户的需求。

华为主要的变革如下：

• 1996 年，华为基本法

• 1998 年，研发 IPD 变革

• 2001 年，供应链 ISC 变革

• 2002 年，PBC 绩效管理变革

• 2007 年，财经 IFS 变革；ILD 集成领导力开发

- 2008 年，BLM[①] 战略规划
- 2009 年，市场 LTC 变革；HR[②] 三支柱变革
- 2011 年，分三个 BG[③] 运作；人力资源管理纲要 1.0
- 2014 年，班长的战争
- 2016 年，战略预备队建设
- 2018 年，人力资源管理纲要 2.0

华为已与全球知名的咨询顾问团队基本开展了合作，涉及人力资源体系、战略管理、市场体系、研发体系、供应链体系、财经体系、质量管理体系等：

- IBM：BLM 模型、绩效管理 / 干部管理体系、IPD 集成产品开发、ISC 集成供应链、IFS 集成财经变革
- MERCER：组织设计
- HayGroup：职位体系、薪酬体系
- AON Hewitt：人力资源三支柱模型
- Accenture：LTC 变革
- PwC：财务体系建设
- SIEMENS：六西格玛质量管理
- TOYOTA：精益管理

这些管理流程体系，解决效率问题，构建了华为强大的

---

① BLM（Business Leadership Model）是华为于 2008 年自 IBM 引入，是企业战略制定与执行连接的方法与平台。
② HR（Human Resources）人力资源，即人事，最广泛定义是指人力资源管理工作。
③ BG（Bussiness Group），业务集团。

业务平台。任正非说华为的潜力在管理，而管理的重要工具是 IT，华为留给世人的财富是以流程和 IT 支撑的管理体系和管理架构，建立了产品研发体系（IPD）、供应链体系（ISC）、财经体系（IFS）、线索到现金（LTC）、客户体系（CRM）等一系列现代管理流程。通过这个管理架构和体系使得华为可以在产品、技术、营销、制造、研发、供应链等方面做到对市场的及时响应，从而实现以客户为中心的目标。在 2012 年华为向公开市场转型时，是基于此完善的管理流程体系的大平台下发力的。郭平在华为终端销售服务 2008 年年中大会上题为"坚持定制化道路　持续练好内功"的讲话中描述了华为终端与大平台的关系："大平台没了终端，还是完整的系统业务，终端失去了平台将优势无存。"可见华为大平台的能力。因此，有了成熟的、功能强大平台的保障，华为消费者业务面向公开市场转型得以顺利推进，转型最重要的 GTM、品牌、渠道、零售等关键业务举措得以顺利实施。

本篇小结

从 2010 年开始在手机业务上发力，华为短短十年就成长为行业 TOP 品牌，很多企业都在学习华为在"2C"领域的经验。借鉴标杆的经验是比较好的学习模式。华为手机成功的最底层逻辑究竟是什么？从这篇文章我们可以看到华为"以客户为中心""以人为本""有服务意识""有质量意识""有勇于变革的勇气和经验""建设有强大的业务支撑平台"等，这些基因在帮助我们不断突破第一性原理，也在帮助我们打破创新者的窘境。学习华为消费者业务的成功经验以及华为零售管理的业务模式前，一定也要对标华为骨子里自带的零售成长基因，有了这个基础，才是华为在"2C"领域快速成长的底层逻辑。

华为"端管云"战略方向是对终端公司明确的战略诉求，三亚会议确定了终端公司坚持面向消费者、高端产品路线、做开放渠道的清晰战略目标，这是正确的事。而华为强大的管理体系和文化基因又不断地推动了华为"2C"团队走向成功，按业务的基础规律，不断学习，不断尝试，不断提升正确的做事水平和效率。因此，华为手机的成功可以归结为两点：方向大致正确，组织充满活力。要从基础学习、把根基扎牢，这样学习华为才有意义，才能成功。

第二篇

零售萌芽期
（2003—2008）

标志事件　　**纪平，拿出 10 亿元做手机**

"2002 年底，华为公司正式召开手机终端的立项讨论会。张利华将手机立项的材料汇报后，任正非说了两句话，第一句是：'纪平，拿出 10 亿元来做手机！' 第二句是：'为什么中兴 GSM 手机没有做好，亏损了好几年，你们要想清楚。'做手机和做系统设备不一样，做法和打法都不同，华为要专门成立独立的终端公司做手机，独立运作！"

这是手机立项讨论会亲历者及策划组成员之一张利华在《华为研发》中记载下来的历史一刻。2002—2003 年正是华为深处严冬之际，公司的净利润也就 10 亿元，而任总将一年的全部净利润押上做预算，投入手机业务，可见是真的想要放手一搏做手机了。

2003 年，华为终端业务开启。秉承通信人的使命，华为自"村村通"固定台起家，优先解决了城市以外偏远地区的通信覆盖问题。随后几年，其 3G 数据卡份额做到了全球第一。手机业务则主要是生产与运营商合作的贴牌手机（ODM：Original Design Manufacturer，原始设计制造商）。当时全球 3G 技术刚起步，3G 手机很少，价格很高，很多人买不起 3G

手机。而运营商投入了大量资金建网，缺少 3G 用户就不能产生收益。因此，他们纷纷要求华为也造手机，而且要的是物美价廉的手机。何为物美价廉？有些客户甚至要求采购价不超过 20 美元。客户的需求就是华为存在的唯一理由。因此，华为不得不自己开始生产手机。做出来的手机几乎都是贴牌（贴运营商的牌），跟设备捆绑销售。很多手机是在亏本销售，靠设备补贴。那时候华为手机在全球的出货量已经名列前茅，但销售额就丝毫没有竞争力了。很多国家的运营商获得这些手机后，推出"入网就送手机"，或者"入网 199 元购手机"的活动，把 3G 网络和 2G 网络快速地推广起来。

白牌模式把华为领进了手机行业的大门，虽然做贴牌机有着三大天然短板：一是利润低；二是主动权掌握在运营商手里，经营的好坏更依赖运营商业务的好坏；三是在诺基亚、TCL 等盛名之下，无商标的贴牌手机并不利于品牌推广，但是华为却得以在该领域形成初步积累，为后续"2B"向"2C"模式转型奠定了基础。

第4章 零售萌芽期终端战略

4.1 从"坚决不做手机"到"启动手机项目"

"华为公司不做手机这个事，已早有定论，谁又在胡说八道！谁再胡说，谁下岗！"在听完下属再次提及造手机的汇报，华为总裁任正非显然很生气，他"啪"一声很响地拍了一下桌子，这样说道。

这是 2002 年的一个普通的秋日，但对此时的任正非来说，"手机"带来的却是难以诉说的伤痛。

华为早在 1994 年就成立了通信终端项目组，在 1996 年时更上升为终端事业部，曾经研发了电话机、无绳电话子母机、带有录音功能的电话机等一系列产品。特别是 1997 年华为推出了无线 GSM 解决方案，在公司内部申请研发 GSM 手机，用以辅助 GSM 解决方案的销售。但是作为一个为运营商提供通信技术的设备服务公司，为了让运营商放心，任正非曾经承诺不进入通信消费品领域，因此华为并没有做手机的想法。

1997 年，国家信息产业部主动邀请华为做手机业务，并且承诺给华为生产、研发、销售 GSM、CDMA 手机的执照，却被华为坚决拒绝了。这也导致华为在测试 WCDMA 的 3G 系统设备的时候，由于市场没有相应的机型，网络设备的测试十分被动。当时华为利用计算机做了一台虚拟的 3G 手机，让这台手机跑各种协议，与各种 3G 基站进行测试实验。当华为通过申请第一次拿到牌照的时候已经是 2005 年 4 月，完美错失首波国产手机潮，此是后话。

1998 年，手机技术的发展已从模拟话机演进到有来电识别功能的数字话机。当年华为话机事业部就推出了自己的数字电话机，配合自己的 C&C08 数字程控交换机在中国电信销售。但是由于话机市场价格竞争激烈，华为生产又是外包，管理不到位，导致电话机的质量良莠不齐，经常出现问题。而当时的无绳电话还未普及，经常会作为礼品送给客户，但是故障连连，导致销售人员去卖 GSM 基站时经常被客户调侃：你们连无绳电话都做不好，怎么能做好基站呢？搞得销售人员面红耳赤无言以对。华为在终端业务上惨败，这也让任正非认为华为没有做终端的基因，这件事情更坚定任正非不做手机的想法。

2001 年前后，任正非又面临着一个重大的选择——要不要做小灵通。对于小灵通技术，华为的高层也颇为动心，但是任总的态度却是，这是短暂的赚钱机会，华为是一家为未来投资的企业，宁可赔钱也不去做过时的技术。当时，任正非认为小灵通的 PHS 技术 ① 演化不出 3G，技术上存在瓶颈，难逃被淘汰的命运。另外，小灵通的政策风险太大。虽然信息产业部明确其为"固定电话的补充和延伸"，使其一直游走在准入与禁入的边缘地带，但颇有点名不正言不顺的感觉。京瓷下属的 DDI 公司把方案递到华为面前，问华为做不做，但在任正非的坚持下，华为选择了不做小灵通业务，但是他的老对手中兴却做出了相反的选择。中兴在小灵通上大幅开疆扩土，赚得盆满钵满，仅 2001 年的销售额就达到了 23.96 亿元。同时期的任正非坚持研发 3G，却未获得较大突破。

任正非的想法是坚持"针尖战略"，不要分散精力搞多元化，要让华为始终在电信业中冲到最前面，比同行领先半步，取得战略优势。当时华为将重心都放在 GSM 技术上，因而发生了华为的第三次误判，就是过早地放弃了 CDMA 技术。2002 年初，中国联通投资 240 亿元的 CDMA 移动通信网络正式建成并在全国运营。华为的竞争对手中兴、TCL、大唐等企业都在网络设备和手机招标中获利颇丰，等看到招标才匆匆上马的华为为时已晚。在 2001—2002 年联通的一二期招标中，华为接连败北。2001 年，华为全年的财报显示，自创立以来首次出现停止增长；2002 年，华为则迎来自创立以来的首次

---

① PHS（Personal Handy-phone System）是个人手持式电话系统，是指一种无线本地电话技术，采用微蜂窝通信技术。PHS 技术实际上是数字移动通信技术，属于第二代的通信技术。PHS 是利用较低的功率发射无线电波信号，因此涵盖范围较小，较适合城市型区域，相对费率也较低。PHS 属于 2G 的范围。中国电信和中国网通的小灵通业务在多数地方都使用 PHS 技术。

亏损。

基于此，不做手机、低估 PHS 技术、过早放弃 CDMA，成为华为的三场失误。因此不难理解当有人提出要做手机时任正非的过激反应了。

但是，仅仅隔了一个月，2002 年底，徐直军受任正非委托，召开了手机立项讨论会。从这一点可以看出，任正非是一个卓越的领航者。尽管对于之前的战略选择失误有所不甘，但能审时度势，不断地随着行业发展形势的变化而相应调整战略方向。当然，这种转变并不是仅在一个月时间之内就发生的，其实任正非一直在思索、在判断。华为的中高层一直有做手机的这个想法，任正非也曾心动，还曾到诺基亚总部进行考察，当对方介绍他们手机的研发团队有 5000 人时，任正非放弃了。作为企业的领航者，他需要从天时、地利、人和等方面去思考，当觉得各方面条件具备了，自然就会下定决心去执行了。有几方面重大事项坚定了任正非启动手机项目的决心。

原因一，华为不做小灵通的决定成就了对手，最终对华为的主航道造成了威胁。2001 年，UT 斯达康[①] 实现全年销售额 6.27 亿美元，PAS[②] 无线市话持续稳定增长，至同年 12 月底用户数量超过 300 万，遍及我国 20 多个省（自治区、直辖市）。UT 斯达康 PHS "小灵通" 已成为家喻户晓的新兴

① UT 斯达康是专门从事现代通信领域前沿技术和产品的研究、开发、生产、销售的国际化高科技通信公司。
② PAS（Personal access System）"小灵通" 无线市话，是一种个人无线接入系统。

通信产品。2002 年 6 月底，UT 斯达康的小灵通用户数量已达 901 万，其 PHS 小灵通设备以及手机终端均处于绝对的垄断地位。此时的 UT 斯达康原本 300 元成本的小灵通要卖到 2000 ~ 3000 元一台，这也让它赚得盆满钵满，风光无限，并开始瞄准华为的业务范围，打算以小灵通的高利润作为基础，捆绑销售软交换、光网络和无线（GSM/CDMA/3G）产品，从而进入华为的地盘，这也引起了华为的高度警觉。因此，从商业角度来看，华为进军小灵通，狙击 UT 斯达康，已形成箭在弦上之势。

原因二，"当年我们没想过做终端，是被逼上马的。华为的 3G 系统卖不出去，是因为没有配套手机。"任正非后来接受采访时说。而且当时西方国家的 3G 手机卖得很贵，中国移动就希望华为也能推出 3G 手机，把价格拉下来。

原因三，华为不做手机，不是表面上看放弃了一部分的市场，同时它也失去了做终端机测试的能力。当通信设备做出来的时候，需要终端设备进行测试，可是市场上此类设备还没有生产出来，这就需要和设备厂商进行对接。

2002 年 7 月底，华为业务与软件部获得中国移动一个重要业务——彩信业务网关的订单。这个业务是中国移动的新增长点，中国移动对此颇为重视，希望在全网开通。但国外厂商称只能在其各自覆盖的网络和自己的手机侧开通，而不能跨网开通（每个国外厂商都有各自从终端到网络设备的整网解决方案）。就在这时候，由于前期的良好沟通，中国移动知道华为有这样的组网方案，可以实现与各家的 GSM 设备对接，与不同的终端手机对接实现全网开通新功能，于是将这个项目交给了华为。而对华为来说，在"以客户为中心、以奋斗者为本"的价值观下，因时间紧迫而睡机房打硬仗都不叫事，但这个过程最痛苦的是与手机终端侧的对接调试。当时的彩信手机只有松下 GD88、诺基亚的一款滑盖机和爱立信的一款手机，它们都是大牌厂家，对接测试的配合度很差，而它们的研发都在国外，因而调测过程缓慢而痛苦。这就是控制权、主动权不在我手的被动与尴尬之处。

2002 年 9 月 30 日，松下和爱立信的手机测试通过了华为的彩信业务。当年国庆节，中国移动营业厅的彩信业务呈现旺盛的销售情景：中国移动各营业厅内消费者排队上百米只为抢购一部能收发彩信的手机；松下 GD88 和诺基亚的彩信手机的价格都在 8000 元以上，可谓是一机难求。

当晚张利华就开始给公司高层写报告，建议华为公司立即做可以支持移动数据增值业务的 2.5G 和 3G 的手机终端。

2003 年 7 月，华为成立手机研发部；同年 11 月，华为终端公司正式成立，但是这个时候，摆在他们面前的已然是一场红海大战了。

4.2 终端战略：满足运营商客户需求

2003 年初华为启动了 3G 手机和 3G 手机芯片的研发。经过一番筹备，同年 7 月，华为成立手机研发部，任正非决定同时进入小灵通市场和手机市场，同年 11 月，华为终端公司正式成立。

华为知道只有 3G 才是代表未来，上马小灵通的目的不是为了利润，而是为了阻击竞争对手、避免主航道的竞争这一战略目标，所以华为只调拨 2 亿资金做 PHS 小灵通手机。很快，同年 11 月 14 日，华为公司在北京国际通信设备技术展览会期间举行新闻发布会，正式推出 3 款小灵通手机。华为公司无线产品线总裁徐直军表示："华为进入小灵通手机领域将具有独特的优势。华为目前拥有国内最好的软硬件开发队伍和平台，可利用在开发、设计和供应链方面的整合优势，推出能更好地满足客户需求且更具竞争力的小灵通手机，并有能力根据市场细分和消费者的需求，不断推陈出新。同时华为公司覆盖到全国 200 多个地级市的销售和服务网络能确保小灵通手机的规模销售和服务。"

3G 手机方面，华为公司于 2003 年 11 月 6 日在泰国曼谷"3G World Congress"大会上，向全球发布了 CDMA450 手机和固定台产品，包括：高、中、低端 5 款不同的手机，4 款 Terminal 及 Phone 型固定台，还包括无线模块和无线公话终端。这是华为首次对外正式推出基于华为品牌的手机终端产品，此举标志着华为正式进入手机终端领域，向客户提供端到端的全方位解决方案。

华为的终端战略在这几年时间中很明确，就是将端到端优势延伸到用户。翻阅华为 2004—2008 年的年报关于终端战略的内容阐述，基本是如下内容：

融合的全 IP 时代，人们可以使用任何终端设备享受无差别的通信体验。华为已成为全球品类最丰富的通信终端供应商，致力于协助运营商满足用户对多样化终端的需求，为运营商带来潜在的业务增长。华为终端产品包括移动宽带、手机、融合终端和视讯等，销售服务网络覆盖 70 多个国家和地区，物流网络覆盖全球市场，能够为客户提供优质快速的服务。我们在移动宽带终端领域持续保持领先。作为手机定制专家，华为已成为 WCDMA 手机 ODM 主流厂商。我们还提供多种接入方式和多种业务体验的融合终端，成长为融合领域的先锋力量。另外，华为高清视讯解决方案已在多行业被大规模应用。

从终端战略及业务方向可以获悉，在 2003 年终端业务启动伊始，华为终端发展方向为构建以运营商为核心的行业生态圈，携手众多合作伙伴，提供端到端的解决方案和服务，实现我们与客户、合作伙伴的多赢；通过产品定制和增加产品的附加功能，华为为运营商提供质量好、价格优、服务好的产品，帮助运营商降低运营成本并快速发展用户；致力于协助运营商满足用户对多样化终端的需求，为运营商带来潜在的业务增长。而且在手机业务方面已经自我定位：作为手机定制专家，华为已成为 WCDMA 手机 ODM 主流厂商。

基于此战略目标，华为终端业务的产品是 "2C" 的，但实际的运作还是 "2B" 的，是面向运营商的业务。

4.3 营销及零售层面业务策略

"【本报讯】 截至 3 月 15 日，华为公司小灵通手机销售达 60 万部，实现了今年手机销售的开门红，显示了良好的上升势头。

1 月初，华为在 A516、A616、A628 的基础上又推出了一款具有很高性价比的新机型 A316，一上市就受到了消费者的追捧。A316 最强大的功能在于采用了小灵通手机上少见的和弦铃声，可以提供多种和弦铃声选择，并提示来电、短信及开关机等。A316 具有能记录 200 条电话信息的大容量电话本，还具有游戏、闹钟、日程及计算器等一系列功能，可满足大众消费者的沟通需求。今后华为 PHS 手机款式会更新颖，功能更多，机型更丰富，价格更实惠。据悉，截至今年 6 月，华为公司就将有 11 款小灵通新机上市，覆盖高、中、低各个档次。今年，华为 PHS 手机的销售计划为 500 万部，根据需要还可以扩大。

华为公司组建了专门面向终端销售的市场和服务队伍，并重点进行终端零售点的建设，组建零售促销队伍，华为品牌对普通消费者的影响将有一个显著的提升。"

上文是 2004 年 3 月 30 日第 150 期《华为人报》上的文章《华为小灵通手机销售开门红》。2003 年，华为销售 25 万部小灵通，再加上上面报道中所说的 60 万部，也就是说华为从发布小灵通手机再到销售 85 万部仅仅用了不到 4 个月的时间，可见华为强大的研发、生产能力，以及与运营商渠道的沟通及出货能力。

战略决定业务、业务决定流程、流程决定组织、组织决定成败。有了清晰的战略目标，就知道了业务应该怎么做、仗应该怎么打，再加上以华为强大的平台作为支撑，迅速成功也就不足为奇了。由于此时终端业务实际上还是"2B"的业务，主要是通过运营商渠道再间接地面向消费者，因此公司各层级尚没有对零售管理业务形成强烈的需求，仅有协助运营商促销及上市管理等方面的工作。手机业务部的主要部门包括：销售部、营销工程部、客户服务部、产品开发部、供应链部等，可以提供从售前到售后的一整套完备的服务，基本上满足了此时销售模式的需求。

一位硕士毕业加入港湾网络之后又转入华为公司的员工是这样描述此时在华为终端的工作的："在华为工作期间，我主要从事面向中国电信的战略规划工作。这部分工作的主要内容，首先包括对整个行业趋势、产业趋势的清晰洞察，具体涵盖了行业的价值转移趋势，电信运营商在未来五年的转型方向，以及它在转型的过程当中会产生哪些痛点，会产生哪些机会等。其次，我们需要对竞争对手在未来五年的发展战略有足够的了解，并基于这些战略做出相应的应对措施，包括如何牵引公司的研发，使之能够抓住机会，能够在相应的时间推出相应的产品，提出能够满足客户需求的、充满竞争力的产品解决方案等。"可知，在这段时间，终端公司主要是以运营商为中心开展相应业务的，包含市场洞察、业务设计及业务举措等，从此角度来看，零售管理处于萌芽期，尚不是核心业务。

华为迅速推出华为小灵通，由于不追求利润，华为小灵通的出货价仅为 300 多元，仅仅是此前 UT 斯达康小灵通的成本价。借助运营商的渠道，华为小灵通迅速攻占市场，很快市场占有率达到 25%，同时极大地拉低小灵通的市场价格。这对之前已占据市场份额 60% 的 UT 斯达康是巨大的打击，利润大幅下滑，股价大跌。

经过 2004 年的价格战，UT 斯达康从盈利到巨亏数亿美元，被迫停止了之前已投资十多亿元的 3G 技术 WCDMA，从此一蹶不振。2008 年，中国电信获得联通的 CDMA 网络，对小灵通投入越来越低，随着手机资费的降低，小灵通也逐渐被淘汰。到了 2014 年 10 月 1 日，所有小灵通基站才最终被关闭，小灵通业务彻底消失。

华为终端也在做小灵通的过程中积累了丰富的经验，为之后运作手机打下了基础。

本篇小结

零售萌芽期的零售业务的主要使命是帮助运营商客户卖好华为终端产品，特别是在产品销售出现问题的时候，要帮助客户一起清理库存。

在这期间，华为终端公司的战略就是"以运营商为中心"进行手机等终端产品的定制，其终端业务还是"2B"业务，终端产品大多由运营商客户来定义，华为的品牌还在手机背壳后面很小的一个角落里，手机正面以运营商客户的品牌为主，因此华为零售的职能只是做好产品促销工作。

没有品牌，没有品牌溢价，也没有足够的资源去做零售投入，这是由做运营商转售的商业模式决定的。运营商直接面对消费者，门店是运营商的门店，此时华为虽然资源有限，也很难主动进行零售规划，但是从建立促销管理部开始，华为就逐步积累零售管理的核心能力。初期产品促销只是协助客户清库，慢慢地拓展至从产品上市前期就主动配合运营商客户来进行促销规划，整合客户的资源，聚焦在运营商套餐、门店产品的陈列、零售物料的创新等方面。因此华为终端的联合营销能力和产品上市整合营销能力特别强，在没有费用支撑的情况下还能作出很多创新的促销案例，积累很多经验和教训。

战略决定业务，经过零售萌芽期的小灵通以及运营商定制的业务历练，华为终端业务有了积累和沉淀，为后续的业务快速成长打下了基础。

第三篇

零售探索期
（2009—2010）

标志事件　　**手机部门不卖了，自己做**

华为通信是华为旗下从事终端业务的公司。2008年，郭平在华为通信销服2008年年中大会上发表了题为《坚持定制化道路　持续练好内功》的讲话，文中主要内容：

华为通信将建设更规范的公司治理架构，并已经展开面向投资者的私募活动。华为通信将会在近期内转变为一个有较完善治理架构的中外合资企业。

……

在四年多的时间里，华为通信实现了两个革命性转变：第一，将"手机业务部"改造成了"终端公司"，使我们的移动宽带、手机、融合终端三分天下（各占据三分之一的销售额），销售业务有了多点支撑，并适应了未来多技术、广应用的终端发展趋势；第二，经过这几年的业绩表现，初步树立了华为公司做终端的信心，增强了华为通信持续投入、持续发展的勇气。并确立了做"运营商转售市场的终端核心伙伴，全球移动宽带和融合终端领导者"的愿景，确立了"成就客户、创新实践、艰苦奋斗"三大核心价值观。

华为期望，其系统业务与终端业务能互相支持、比翼齐飞，共同为实现运营商的客户价值而提供最有竞争力的产品和服务。公司会为终端业务提供最大的支持，也要求华为通信人员要更加虚心学习，扬长补短，尽快增强能力，要低调、谦虚、务实地处理好并改善与平台的关系。大平台没了终端还是完整的系统业务，终端失去了平台将优势无存。

2008 年 5 月，华为通信聘请了摩根斯坦利担任财务顾问，并向多家私募基金发出竞购邀请。当年 7 月，包括贝恩资本、高盛私募资本部门、KKR^①和银湖合伙基金等多家外资私募基金参与了竞标，并对华为通信开价 20 亿美元。

当时华为通信计划出售 49% 的股份，这样华为仍然能够控股。不过，如果私募基金有更高的出价，也可以考虑把整个华为通信都卖了。那样的话，华为也就没有终端业务了。

2008 年 9 月，贝恩资本和银湖合伙基金牵头，两大财团入围并参加下一轮的竞标。

当各方静等这桩交易落地的时候，意外发生了。

2008 年 9 月 14 日，雷曼兄弟宣布破产。"次贷危机"所引发的金融危机如同多米诺骨牌一样，迅速在全球蔓延。此时华为手机早些时候确定引入的西方投资公司，在之后极短的几天时间里，将之前 49% 股份估值大幅下降，同时还对收购附

华为零售

---

① KKR 集团（Kohlberg Kravis Roberts & Co. L.P.，简称 KKR），中文译名为"科尔伯格·克拉维斯·罗伯茨"，是老牌的杠杆收购天王，金融史上最成功的产业投资机构之一，全球历史最悠久也是经验最为丰富的私募股权投资机构之一。

加了一堆条件，以保证收购后的回报。

2008 年 10 月，华为对外宣布，暂缓移动通信部门的出售计划，同时强调："华为会一直观察市场状况，出售华为终端业务部分股权的项目将来有可能会重新启动。"

2008 年 11 月 10 日，陶景文接替郭平，出任华为终端业务部门总裁，确定"推迟了手机终端部门的出售计划，并打算在市场上推出新款谷歌系统手机"。华为干脆保留了手机业务。

2009 年 4 月，华为在分析师大会上披露，2008 年其终端收入达到 40 亿美元，也就是说增长了 82%。具体到产品，则是销售了 2200 万张数据卡、3300 万部手机、2400 万台融合终端设备。

之后，华为终端业务部门，经历了陈朝晖、陶景文、万飙等几位 CEO 的管理，在这段时期，终端业务的发展方向以及如何推进，华为管理层也没有明确的统一意见；另外，华为手机始终局限于运营商的 3G 定制市场，销量也没有太大起色，2010 年华为智能手机的销量只有 300 万部。但在这段时期，基于终端业务的发展惯性，也逐步构筑起了较完整的市场体系，为开启智能手机时代以及"一飞冲天"做好了准备。

第 5 章　零售探索期终端战略

5.1 终端公司战略：伙伴　定制　价值

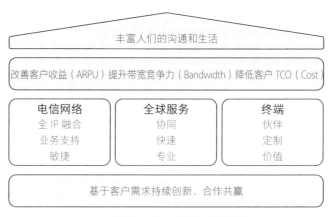

图 4　2009—2010 华为公司战略

　　2009—2010 年终端公司战略为："伙伴、定制、价值"（如图 4 所示）。"我们聚焦运营商转售市场，帮助客户满足用户对多样化终端的需求，通过提供种类丰富的网络终端，为消费者带来丰富便捷的通信体验。基于客户需求持续创新、合作共赢，为了更好地满足客户需求，我们坚持开放合作。以客户需求驱动产品研发流程，围绕提升客户价值进行技术、产品、解决方案及业务管理的持续创新。"

从 2009 年和 2010 年华为对终端业务的定位以及战略规划来看，发展关键词没有变化，那就是"伙伴、定制、价值"：聚焦运营商转售市场、满足运营商的需求、为客户提供更好的手机定制服务、围绕提升客户价值进行持续创新。华为也是基于此展开相应的工作。

5.2 营销及零售层面业务策略

基于公司战略，各职能部门进行战略解码[①]，再将战略转化为关键业务举措。

基于"伙伴、定制、价值"战略目标，华为终端业务实际还是"2B"的业务，是直接面向运营商的业务，然后协助运营商针对消费者开展相应的营销活动，如促销活动策划、产品 KV[②] 设计等。在 2008 年的收购按下暂停键后，华为为了做好终端业务，开始招聘在业界有品牌、渠道、促销业务工作经验的员工加入华为，设置了整合营销传播部，此时尚没有专门的零售管理部门，零售管理职能包含在营销管理部以及促销管

---

① 战略解码就是通过可视化的方式，将企业的战略转化为全体员工可理解、可执行的行为的过程，华为是利用 BLM 模型进行战略的制定与规划。
② KV（KEY VISION）视觉主画面。KV 是视觉主画面方面的设计。

理部内。

整合营销传播部组织结构如图 5 所示。

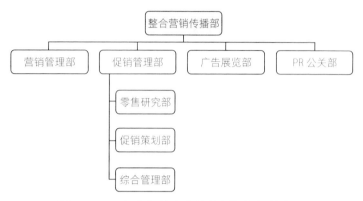

图 5　2009 年华为整合营销传播部组织结构图

营销管理部职能：负责产品上市整合营销传播规划；整合线上线下传播计划等。

促销管理部职能：研究运营商套餐方案，使华为产品能顺利进入套餐中；帮助运营商策划活动，减少库存压力；线下促销活动策划以及相应物料设计。

一位前华为人讲述了当时的情形："华为的目标是发展终端业务，因此从业界大量招聘有相关工作经验的人。一方面他感觉华为公司有发展潜力，另一方面待遇和发展空间确实不错，因此从原公司离职加入华为，进入促销管理部工作。那时候华为正计划开发一款'150 美元的，类似于 iPhone 用户体验的智能手机'，另外华为公司也正在积极寻求能够打开欧洲市场、提高自身品牌认可度的产品，因此需要规划新的产品系列。在确定产品系列名称时天天开会、加班加点，与咨询公司一起进行讨论。最后将品牌确定为 IDEOS[①]。"

"在零售探索期，各地区部的零售能力还较弱，总部会指派人员对接不同地区部，给予相应的支持。例如中国区华为音乐手机校园推广方案就是由总部协助中国区进行推广方案策划的。"

5.3 零售探索期终端成果

2009 年华为在年报中阐述："在终端领域，我们聚焦运营商转售市场，继续保持了领先的市场地位。"

在 2009 年，华为手机产品出货量超过 3000 万部，其中 CDMA 手机居于全球市场份额第三，中国市场份额第二，C5600 成功获得中国电信校园营销活动定制机型 38％ 的市场份额；CDMA 中高端智能手机在中国电信的销量也取得了重大突破，市场份额和格局进一步提升；TD-SCDMA 产品突破发展瓶颈，T2211 手机率先成为中国移动深度定制优质机型，TD-SCDMA 终端设备销售量增长了十几倍；成功配合 T-mobile 推出了全球首款基于 Android 平台的预付费手机 Pulse，在英国、德国等高端智能手机市场三周零售过万部；在北美市场推出的 Touch 手机 U7519，成为美国圣诞季周销

[①] IDEOS 是英语单词 "industrial design" 行业设计、"evolution" 创新和 "operating system" 操作系统的缩写。

量冠军。

2010 年，华为终端设备出货 1.2 亿台，实现销售收入人民币 307.48 亿元，同比增长 24.9%。在美国、日本等高价值市场均实现超过 100% 的增长率。华为智能手机销量快速增长，全球出货量超过 300 万部，迅速打入包括日本、美国和西欧在内的 70 多个国家和地区的手机市场。同年 9 月初，华为发布了全球首款原生 Android2.2 系统的 with Google 智能手机 IDEOS，同时也是全球首款普及型智能手机。全球首款 LTE[①]多模数据卡——华为 E398 实现了在欧洲的规模商用。创新产品 Mobile Wi-Fi（E5）在世界各地屡获殊荣，全球出货量超过 300 万部。凭借不断创新的明星产品，华为移动宽带继续领跑全球市场。首款平板电脑 IDEOS S7 在美国、澳大利亚、欧洲上市，作为圣诞节主打产品受到消费者的青睐。

截至 2010 年年底，华为制造的天翼终端产品出货量已超过 2000 万部，已经成为推动 CDMA 产业链发展的重要动力之一。赛诺[②]2010 年报告显示，凭借与中国电信的深度合作，华为终端在 EVDO 市场整体份额已达到 23.1%，继续保持市场第一。而基于对智能机研发的大量实践，以及对消费者需求的深刻洞察，华为 C8500 凭借其新颖的 15 联屏设计及深度融

① LTE（Long Term Evolution，长期演进），一种无线宽带技术。支持使用蜂窝电话和手持设备进行漫游因特网的访问。由于它对以前的蜂窝通信标准做了显著的改进，与 WiMax 一起被称作第 4 代移动宽带（4G）标准。
② 赛诺（SINO Market Research Ltd.），知名的调研公司。

合人人网、开心网等 SNS① 功能，使得华为 C8500 迅速在消费者中走红，率先成就了百日破百万部的销售奇迹。

本篇小结

这一时期虽然运营商转售仍是终端主要发展战略，但是华为零售已有意识地介入产品在零售层面的与消费者的互动、沟通中，在促销活动策划、线下陈列及物料等方面有所加强。

这期间华为促销管理部与终端品牌部合并成立整合营销传播部，零售的工作进入广泛的探索阶段，与品牌的联动、与产品上市的联动、与客户的联动等，不断去探索更高效率的业务模式。随着集团"端管云"战略的逐步落地，终端公司内部不断在讨论终端未来的发展方向和实现路径，走自有品牌的"2C"路线也越来越清晰，零售管理的定位和使命也逐渐明确。

在探索过程中，我们也发现原来的零售组织人才很短缺，产品上市营销操盘人才、品牌人才、店面管理人才、零售培训人才、零售团队管理人才等都很缺乏，这期间也引进了更多的手机行业的专家，有了一定的人才沉淀。

但华为在销售过程中依然是聚焦于运营商渠道，因此主要的工作还是在帮助运营商的销售上，主导性不强。

---

① SNS（Social Network Services）即社交网络服务，为一群拥有相同兴趣与活动的人在因特网上创建虚拟社区，并为用户提供多种联系和交流方式的服务。

第四篇

零售成长期
（2011—2015）

标志事件	华为终端的"遵义会议"

"移动宽带与互联网联结，使行业产生深刻变革，推动行业跨入'移动互联网'时代。终端的重要性日益凸显，成为驱动网络增长的发动机和向导。"

在 2010 年年报中，华为对终端的发展前景是这样描述的：

终端智能化是建立在强大的 CPU 和开放的操作系统的基础上的，可以运行各种应用程序，接入云端的服务中去。在智能化的大趋势下，终端有三个趋势，一是综合化，二是专业化，三是多样化。综合化表现在个人手持终端，融合"手机、数码相机、音乐播放器、电子书、掌上电脑（PDA）"等各种功能；专业化表现在各种行业终端以及专业功能的数字设备，如电子书等；多样化则表现在多种形态的个人、家庭、行业终端支撑数以百万计业务的发展。移动互联网的迅速发展也让消费者受到了数字洪水的冲击，华为终端适时提出名为"汇智·简悦"的发展战略，志在为消费者打造"化繁为简、无处不在、情景智能以及融合体验"的移动互联网应用，以开放的业务云、易用的管理云和泛在终端为三个关键路径，实现超越终端、极致体验的关键策略，目标是实现"简单世界"的愿景。未来 3 年，智能手机将保持快速增长。我们预计 Android 操作系统的智能手机增长最为迅速，到 2014 年将成为全球应用最广泛的智能机操作系统。

华为通过对行业发展趋势的研究，已清楚认识到手机将替代个人电脑成为信息中心。通过手机的智能化、业务应用的云化、网络的宽带化，信息通信产业将从以网络为中心全面转变为以用户为中心，从面向终端设备的服务转变为以使用终端设备的人为中心的服务，使用户个性化得以充分展现。

市场的发展趋势已明朗，但随着华为终端业务不断地拓展、规模不断往上走，以及行业竞争的加剧，发展至 2010 年华为终端已走到瓶颈期，遇到很大挑战，在原有的体系下华为终端的业务受到了挤压和限制。具体表现在：

1. 华为终端公司在公司内部协调各种资源极为困难，突出表现在公司内部协同作战能力太差、协调难度太大、公司内部缺少强有力组织的推动及大平台的支撑等。例如，华为的手机不能接入华为云，局外人听到这个信息一定会大吃一惊。为什么华为手机不能接入华为云？

2. 华为从诞生的那天起就一直是做运营商系统设备配套的，"2B"的销售模式决定了华为比较低调。而做终端产品则不同，需要高调、需要推广宣传，这就产生了矛盾。例如，在品牌传播工作中，总是遇到现有的一些规则"红线"不能触碰，终端业务人员很困惑，从行业操作角度需要去推广、传播，而公司的要求是禁止，那应该怎么样处理？

3. 尽管终端业务不断扩大，但华为终端的产品在地区部中占比相对较小。2010 年华为全年销售收入 1852 亿元人民币，其中终端销售收入 307 亿，占比 16.6%。对于地区部来讲，这块业务占比较小，对绩效考核的影响不是很大，因此终端业务的好坏与地区部领导者关系不大，导致其被重视程度不高。

4. 华为终端公司成立的初衷是作为华为网络技术的系统配套的，执行的策略也是运营商定制服务，因此终端公司在整个华为集团的地位不高。终端公司应该承担的责任是什么，充当什么角色，这些也不明朗，这也间接导致其发展受阻。

5. 终端产品市场竞争加剧，产品同质化严重，而且运营商定制手机商务谈判压价严重，利润低，进而导致研发和创新投入不足、研发积极性不高，于是形成恶性循环。

一系列问题的出现已经制约了终端公司的进一步发展，同时 iPhone 和安卓系统手机的大获成功也让华为终于意识到手机市场可能是一个前所未有的大市场。在此背景下，2010 年 12 月 3 日任正非组织召开了一次高级座谈会，这也是华为零售进入成长期的标志事件，被称为华为手机转型的"遵义会议"。

华为徐直军、郭平、陶景文、万飚、余承东，以及手机终端公司 200 多名核心骨干（含电话会议出席）参会。会议最终确定的主题为：做事要霸气，做人要谦卑，要遵循消费品的规律，敢于追求最大的增长和胜利。

在这次会议上，任正非对终端业务重新进行了定位，包括手机终端公司在华为公司内部的定位，以及在手机行业的定位。任正非明确了华为手机终端公司在华为内部具有三分天下的重要战略地位，已经与运营商管道业务、企业网并列成为公司三大核心业务。同时在树立品牌方向上给之前缩手缩脚受各种华为内部传统思维的手机终端公司松了绑，要勇于按消费品的规律办事，改变了华为过去不做品牌的策略，花大价钱做品牌管理、研究消费者心理、进行产品规划。

在讲话中，任正非提醒华为高层和手机终端公司的骨干，华为要在手机终端领域做全球第一，是需要漫长的时间积累的，也许是十年甚至更长时间，应准确地认清自己，做好阶段性的目标定位。同时应大幅提升在手机终端上的研发和品牌投入，至少在预算和投入上胜过竞争对手。

把自己做好了，何愁哪一天不争第一。

在华为终端公司陷入迷茫之际，任正非强调："只有敢于胜利才能善于胜利。"战争一定要胜利。要朝着怎么胜利去思考战略。会议结束后任正非立即将华为公司内部以偏执、好打硬仗、功绩卓著同时在无线、市场、研发方面都资历深厚的CMO余承东调任终端公司担任董事长，任正非深知改变当下终端公司的被动局面非"偏执狂"不可。

"高级座谈会"后不久，华为将旗下所有面向消费者的业务，如手机、其他终端设备、互联网以及芯片业务整合在一起，组成了消费者BG。

第6章　华为终端发展战略及零售战略

6.1 华为终端发展战略

2011年12月15日，华为EMT[①]办公室通过了《关于华为终端发展战略的决议》，经任正非正式签发向华为集团内部各主要机构印发。决议对华为终端针对全球主要市场的未来发展战略、组织与人才、激励、解决方案与产品、销售模式、渠道与品牌做了原则阐述。

在战略上明确两点：华为发展终端要追求盈利，必须以活下去为基础，不能仅追求规模和全球排名；华为手机发展中路标要以最终消费者需求为导向，而不是以运营商需求为导向。

华为终端的发展战略的总纲为：华为终端产业竞争力的起点和终点，都是源自最终消费者。华为终端要围绕着一个硬

---

① EMT（Executive Management Team）行政管理团队。这里是华为最高业务决策机构。

件平台、多个OS①、一个中间件、一个UI②的技术战略发展。品牌的核心是诚信。

1.战略

（1）华为终端产业竞争力的起点和终点，都是源自最终消费者。手机的客户是最终消费者，电信运营商只是华为手机重要销售渠道之一。手机发展路标要以最终消费者需求为导向，而不是以运营商需求为导向。

（2）华为发展终端要追求盈利，必须以活下去为基础，不能仅追求规模和全球排名。不切实际地追求规模，会让华为终端产业穿上"红舞鞋"，可能会出现大的经营风险。

（3）智能手机在终端中有着最大的市场空间、有着更多的机会和机遇。首先要抓住智能手机实施突破，其次在突破后横向展开，最终面向所有的屏幕（电视屏幕、电脑显示器屏幕、汽车中控屏幕等）提供解决方案。

（4）坚持"端、云"协同，构筑面向消费者的解决方案及核心竞争优势；坚持"端、管"协同，增强差异化和相对竞争优势。

（5）质量是终端成长和发展的基础，终端要在确保质量的基础上发展。坚持从紧的库存管理，防范经营风险。

2.组织、人才、激励

（1）发展华为终端业务要在思维、文化和组织方面进行

① OS（Operating System），一般指操作系统。
② UI（User Interface）用户界面，是指对软件的人机交互、操作逻辑、界面美观的整体设计。

积极转变。要摆脱运营商网络思维，不要把运营商网络20多年构筑的成功基础作为起点，要立足终端的现状和现实，脚踏实地地构筑 ID、系统架构、平台和基本能力；同时开放平台，集成社会上的创新平台。

（2）终端管理团队及整个组织要实现人才多元性和文化多元性。要相信专业的力量，尤其在工业设计、消费心理研究、营销创新、美学等方面要充分学习行业先进经验、广泛吸引各方面专业人才。

（3）终端公司要坚持"低固定、高弹性"的薪酬激励方式，根据自身的业务节奏和终端行业规律，建立更加灵活的及时激励制度。敢于拉开薪酬待遇上的差距，以贡献度来给予激励，以事业发展留住人才。

3. 解决方案与产品

（1）要融入时尚社会，博采众长，从各个领域（时尚、美学、服饰、奢侈品、沙龙等）中学习，领悟消费者的需求和发展方向，打造满足消费者需求的产品和应用。

（2）华为终端要以用户体验为中心，以体验设计领先为目标，要把体验设计、外观设计和研发相分离，以用户体验来牵引产品研发和实现，不能因为研发无法实现而牺牲用户体验与外观设计。

（3）华为终端要围绕一个硬件平台、多个 OS、一个中间件、一个 UI 的技术战略发展。一个硬件平台是指终极的归一化，就是要摆脱目前硬件平台过多的问题。要用"一个硬件平台"的愿景，以终为始，牵引在硬件技术方面的进步，引导设计与开发逐步完成目标。终端公司要尽快形成未来3~5年可量化的硬件平台，收敛目标和策略，逐步实现华为在硬件领域第一的战略目标。

（4）产业伙伴是终端公司的核心资源之一，华为终端要以开放及共建竞争优势的心态与核心伙伴合作，创造共赢。

（5）华为从现在开始要对终端操作系统进行投入，做好技术储备。

4. 销售模式、渠道与品牌

（1）要按照区域市场特点务实地设计销售模式。在美国、日本、欧洲等地运营商处于主导地位，要继续以运营商为主渠道开展业务并持续建设华为终端品牌。在金砖四国（BRICs）①等开放渠道占主导的市场，要有策略有重点地逐步发展渠道和电子商务的销售模式。

（2）无论是运营商转售、社会渠道还是电子商务，华为都要提升手机的议价能力，品牌才是其核心价值。只有在终端消费者中建立了华为手机的品牌，消费者愿意购买和使用华为手机，赋予在手机上的产品价值才能发挥作用。

（3）要选择一些有实力的大国去建立华为手机品牌。品牌的核心是诚信。

---

① 金砖四国（BRICs），是美国高盛公司首先提出的由巴西（Brazil）、俄罗斯（Russia）、印度（India）和中国（China）四个被看好未来可能取代七国集团成为世界最大经济体的国家。BRICs由四国英文国名首字母组成。

6.2 华为零售战略

1. 战略规划

• 由运营商渠道为主转向直面公开渠道，培育和发展华为的零售能力；

• 承接公司品牌理念，在线下承接"2C"品牌建设，缩小差距甚至超过业界一流厂商，提升品牌知名度；

• 构建有竞争力的、有创新解决方案能力的零售管理体系，包括能力平台搭建和规范规则制定、产品上市零售策划、产品陈列管理、店面建设与运营管理、线下业务活动的综合管理；

• 提升产品零售销量，对零售完成率目标负责；

在 2012 年的零售战略基础上又进行细化，进一步形成 2013 年的零售战略规划（如图 6 所示）。

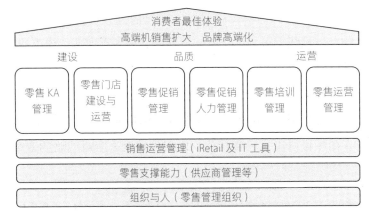

图 6 2013 年华为终端零售战略规划

华为零售管理战略目标：消费者最佳体验、扩大高端机销售规模、品牌高端化。

围绕着战略目标，狠抓"建设""品质""运营"，通过"零售KA①管理""零售门店建设与运营""零售促销管理""零售促销人力管理""零售培训管理""零售运营管理"六大核心举措构建卓越零售管理能力，再通过"销售运营管理""零售支撑能力""组织与人"等举措提升支撑运营的能力，以实现"消费者的最佳体验、扩大高端机销售规模、品牌高端化"的零售管理战略目标。

2. 组织、人才

按照2012年的零售战略目标，对组织和人才进行相应的规划：

（1）引进业界优秀专业人才，快速提升华为"2C"的零售能力。

（2）调整零售管理组织，以适应华为终端公司战略转型的需要。设立零售和促销管理部，全面负责华为全球零售管理工作。下设线下策划部、陈列管理部、店面管理部、线下业务管理部、运营支持部五个子部门。

在2012年的基础上，2013年华为按照"消费者最佳体验、扩大高端机销售、品牌高端化"的零售管理战略目标，零售业务在组织设计上进一步优化，以组织建设来应对战略的变革，

---

① KA（Key Account），直译为"关键客户"或"核心客户"，中文意为"重点客户""重要性的客户"，对于供应方企业来说KA卖场就是营业面积、客流量和发展潜力等三方面均有很大优势的直接销售终端平台。

最终形成 2013 年的零售管理部门的组织架构（如图 7 所示）。

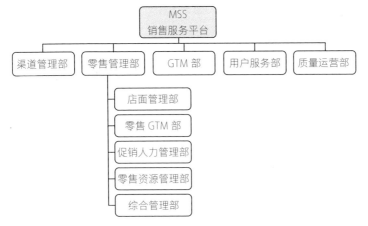

图 7　2013 年华为终端零售管理部组织架构

6.3 实例：由战略目标至个人业绩承诺

公司战略规划

2013 年，华为消费者 BG 转型之初制定的战略规划，其战略意图为"稳健增长，持续盈利，成为全球领先的智能终端品牌"，而战略目标为"至 5 年后年收入达到 500 亿美元、利润率不低于 10%"。为了实现公司的战略意图以及战略目标，需要进行相应的业务设计，聚焦在如下四个方面。

1. 稳健增长

• 夯实 MBB[①]、家庭、中低端手机（千元和入门智能机）业务，成为安全港；

• 利用高端手机提升品牌影响力，积累能力，坚定不移地发展高端手机业务；

• 控制库存、质量和腐败风险。

2. 持续盈利

• 以活下去为基础、以盈利为目的。不断提升品牌溢价能力、打造成本竞争力；

• 坚定不移地投资自研芯片，构建端到端成本核心竞争力；

• 终端云围绕手机 /MBB/ 家庭终端用户情感体验提升，获取用户黏性和生命周期利润。

3. 打造以消费者为中心、高绩效的组织文化

• 建设快速高效的流程型组织（"2C" 快速决策、控制人力综合成本）；

• 打造开放、包容、进取的全球领导力；

• 向以消费者为中心的组织文化转型。

4. 成为全球领先智能终端品牌

• 以手机业务为牵引，构建品牌和渠道能力，成为消费者喜欢和信赖的 TOP 品牌（如图 8 所示）。

---

① MBB（Mobile Broad Band）移动宽带。

稳健增长
- 夯实MBB、家庭、中低端手机（千元和入门智能机）业务，成为安全港
- 高端手机拉品牌，积累能力，坚定不移地发展
- 控制库存、质量和腐败风险

持续赢利
- 以活下去为基础、以赢利为目的。不断提升品牌溢价、打造成本竞争力
- 坚定不移地投资自研芯片，构建端到端成本核心竞争力
- 终端云围绕手机/MBB/家庭终端用户情感体验提升，获取用户粘性和生命周期利润

5年后收入达到500亿美元，贡献利润率+10%

打造以消费者为中心高绩效组织文化
- 快速高效的流程型组织（2C快速决策、人力综合成本）
- 开放、包容、进取的全球领导力
- 以消费者为中心的组织文化转型

成为全球领先智能终端品牌
- 以手机业务为牵引，构建品牌和渠道能力，成为消费者喜欢和信赖的TOP品牌

图 8　华为消费者 BG 战略目标

零售部门战略规划

　　基于华为终端整体的战略意图和战略目标，各业务部门制定各自的业务战略。零售业务部门通过解读公司战略目标，从而明确华为零售战略意图及目标。

　　零售业务的战略意图及目标方向：为消费者创造最佳体验、扩大高端机销售、品牌高端化。相应的业务设计如图9所示：

　　1. 零售部门要有承接几年后零售额 500 亿美元终端产品的能力；

　　2. 华为要具备高端机的规模化销售能力；

　　3. 具备以消费者为中心，创造消费者最佳体验的能力；

　　4. 提升品牌知名度、美誉度。

图 9　零售管理部战略目标（承接公司战略目标）

有了战略方向，通过战略解码，再进行业务设计，制定相应的关键业务举措，变成具体的业务计划，进而输出有指标、有步骤的年度业务计划。最终业务指标被分解到各业务部门，形成各部门的 KPI，也就是组织绩效考核。KPI 细化到要求在指定的时间内完成具体任务，以及分别完成到什么程度。然后每个部门的 KPI 再分解到每个人，形成个人业绩承诺（PBC[①]），协议包含三个层面的内容：个人目标承诺、人员管理目标承诺和个人能力提升目标承诺。通过这一套方法，可保证每一层级组织以及每一个人都是奔着同一个目标前进，这

---

① PBC（Personal Business Commitments）业绩承诺，是一个业绩管理系统，围绕企业的价值观、业绩目标、岗位职责设定各自的"个人绩效承诺"。PBC 的制订是一个互动的过程，是通过员工个人与直属主管和经理进行不断地一对一沟通过程中制订的，每个员工在充分理解公司的业绩目标和具体的 KPI（Key Performance Indicators）关键绩效指标的基础上和在部门经理的指导下制订自己的 PBC，并努力兑现承诺。

样就会劲儿往一处使，形成势不可挡的合力。

如何从业务设计中挖掘出关键业务举措？我们分别进行分析。

1. 零售部门要有承接几年后零售额 500 亿美元终端产品的能力。

首先，华为终端产品需要通过场所销售（零售）给最终消费者，因此，华为必须有一定数量的、自己可以掌控的零售门店①；同时零售门店的建设、服务质量等都要有保证，包括零售门店的运营都要有运行标准和考核依据。因此，华为要有零售门店管理部门负责零售门店的建设与运营。

其次，在有了零售阵地后，若要提升销售量，就需要开展一系列的促销活动，因此促销活动管理部门必不可缺。随着公司越来越重视用新产品的上市操盘业务以引爆市场，实现"上市即上量、首销即热销"的目标，零售促销管理部门又升级为零售 GTM 部门，承担起更大的责任。

再次，在零售门店中，若想零售做得好，就要看直接服务于消费者的促销人员的能力和水平了。促销人员能不能卖好货对销量的影响巨大，因此，要建立相应的促销人员管理部门，对促销人员队伍进行统一的培训和管理。

知识的积累、零售意识及能力的培养对零售管理人员以及促销人员来讲都是十分必要的，因此，零售培训管理部门要承担起这个职责。

① 零售门店，也称零售阵地，指华为投入资源可以有效覆盖、执行公司策略的零售场所。

最后，零售业务头绪繁杂，为保证业务的顺利推进和展开，需要有强有力的零售运营支撑部门来进行管理。

由此可知，为了具备实现销售目标的能力，需要在零售店面建设与运营、零售 GTM 管理、促销人员管理、零售培训、零售运营等方面入手，快速提升能力。

2. 华为要具备高端机的规模化销售能力。

首先，在店面的形象和产品的陈列上要与高档产品的品牌调性相匹配。试想，如果将爱马仕的产品放在街边小店里销售，即使是品质上乘的真品，也无法激发消费者购买的兴致。为了匹配高档机，这就需要重新定义 SI[①] 标准、产品陈列标准以及陈列的创新性道具，让高端产品以高端的姿态呈现在消费者面前。

其次，高端机的上市操盘方案要有能够支撑其售价高的能力。

再次，促销人员要熟练掌握高端机的卖点，以及深度了解目标消费者人群的需求，能够利用相应的话术及技巧让消费者获得良好的体验，并对高端机产生信任和喜爱，从而产生购买需求。

由此可知，SI 标准、陈列道具、促销活动、培训是提升销售高端产品能力的关键任务。

3. 具备以消费者为中心，创造消费者最佳体验的能力。

① SI（Space Identity 或 Store Identity）空间识别或店面空间设计，是企业终端形象识别，是针对有连锁加盟性质的企业而实施的店铺形象设计与管理系统。

这一能力的达成还是与零售门店的环境、员工素质及提供服务等有关。

4. 提升品牌知名度、美誉度。

零售阵地不仅是卖产品的一个场所空间，遍布在全球各地带着醒目"HUAWEI"门头的零售店也是向消费者传递品牌理念的一个窗口，起到树立华为品牌形象的作用；同时，华为产品及促销人员为消费者提供的良好体验和优质服务，也为华为品牌的知名度和美誉度塑造了口碑。

零售部门关键业务举措：

基于零售业务设计，从而明确零售的关键业务举措：建阵地、抓促销、促进零售可视化、提升消费者体验。

关键举措一： 进行全球零售阵地建设，打造创新的、高档的、有品质的零售店面。

1）华为店面形象识别系统 SI3.0 设计与发布；2）店面创新道具设计；3）品牌形象店的建设与支持。

关键举措二： 有效开展重大促销活动策划，助力 Sell Out（卖光、售完）。

1）全球圣诞新年 Campaign（活动）策划与执行；2）全球夏季促销季策划与执行。

关键举措三： 实现数据可视化，用客观数据进行业务分析，为决策提供依据和管理改进建议。

1）门店 IT① 系统开发；2）PSI② 监控管理。

关键举措四： 零售 GTM 能力攀登，实现消费者的最佳体验。

1）不断完善新品上市零售工具包，持续进行能力改善；2）实战促销话术开发，助力零售成交率的提升。

关键举措五： 加强培训赋能，提升一线作战能力，APK③ 线上培训平台开发零售培训课程。

1）对一线持续培训赋能及加强"金种子"培养；2）培训课程 APK 的开发和学习。

关键举措六： 深化零售业务监管，确保标准落地。

1）中国区神秘访客项目推进；2）海外第三方调查运作模式探索（神秘访客）；3）全员巡店全球推广。

关键举措七： 协助推进地区部零售组织建设。

零售部门职责、关键绩效指标（KPI）

基于部门的战略目标及关键业务举措，可以相应制定部门的定位和职责，进一步梳理出部门的关键绩效指标，再将部门的 KPI 继续分解到部门中的个人，形成个人的绩效 PBC。通过这一套动作，将公司的战略目标进行解码，层层分解到每一位员工的日常工作中，从而保证目标一致，"力出一孔"，以实现公司的战略目标。

---

① IT（Information Technology）信息技术。

② PSI（Purchase，Sales & Inventory）产品进销存。

③ APK（Android Application Package）Android 应用程序包。

下面是 2012 年零售部门的定位、职责及关键绩效指标。

1. 零售部门的定位、职责及 KPI

定位和职责：

• 负责线下策划，包括全球明星产品的新品 GTM 线下策划、旺季 Campaign 策划、节假日分析和活动驱动等；

• 负责陈列管理和执行落地检查、改进，端到端对物料进行管理，包括陈列方案、促销物料提供、神秘访客巡检等；

• 负责店面管理与落地以及全球店面零售系统的建设。包括零售作战地图、店面 SI 规范刷新、店面建设和运营监管等；

• 负责线下业务综合管理，包括外包人员管理、供应商管理以及能力建设、零售团队能力培训培养、活动执行闭环管理等；

• 负责线下重点工作的可视化管理体系建设、流程管理、内控建设、费用管理、人力资源管理、绩效管理、监管落实。

关键绩效指标 KPI：

• 线下 "2C" 品牌知名度；

• 线下重点工作完成率；

• 区域及相关业务部门满意度；

• 零售完成达成率；

• 监管执行、整改程度。

2. 零售部门子部门——线下策划部战略目标、定位职责及 KPI

战略目标

• 解决终端产品在零售店如何卖好的问题；

•解决线下产品传播策划、主创落地，以及"会卖"话术等问题，确保品牌执行全球一致性。

定位和职责：

•承接产品 GTM 线下部分，输出产品 GTM 线下策略和工具，包括 toolkits（营销工具包）、话术、创意、培训视频、操作演示视频等；

•机关与产品线接口、新品上市；

•组织与策划全球旺季和主题促销活动；

•全球各地节日促销策划方案分析与方法提炼。

关键绩效指标 KPI：

•输出零售工具包向业界标杆看齐，全球一致性落地；

•线下策划方案能够获得一线的认可，被广泛应用；

•公司促销策划平台搭建以及面向未来的能力建设；

•对零售完成率目标负责；

•监管执行、整改程度。

3. 零售部门子部门——陈列管理部战略目标、定位职责及 KPI

战略目标

•承接与消费者对话，营造消费者满意的软终端建设并执行落地；

•承接公司品牌理念，在零售终端承接"2C"品牌。

定位和职责：

•负责全球明星产品营销物料的制作和创新道具策划；

•负责提供促销礼品解决方案；

- 负责海外物料和礼品的制作分发；

- 负责全球哑机、促销类样机等市场资源；

- 全球零售终端陈列管理。

关键绩效指标 KPI：

- 常规促销品解决方案完整性；

- 促销季礼品提供及时性；

- 区域满意度；

- 陈列整改率；

- 对零售完成率目标负责；

- 监管执行、整改程度。

4. 零售部门子部门——店面管理部战略目标、定位职责及 KPI

战略目标

- 全球零售门店建设有序化和形象一致化，建立业界一流的品牌体验店；

- 对全球有投入门店建立有效管理，并摸清全球店的通路。

定位和职责：

- 全球重点国家零售作战地图和实施计划的梳理；

- 制定全球店面建设内部流程和规范，打通采购授权流程；

- 华为终端 SI 版本设计和批量硬件制作；

- 制定发布陈列应用管理规范及落地执行监管；

- 制定全球零售门店经营管理指标及定期跟踪分析；

- 为全球区域店面建设效益提升提供方法的指导；

- 协助区域开设品牌形象店及经营管理方面的指导；

• 协助区域筛选供应商并打通机关和区域运作管理流程。

关键绩效指标 KPI：

• 4 个重点区域（中国、印度、印度尼西亚、南太平洋地区）零售门店分级管理标准和排查名单；

• 2012 版华为终端 SI3.0 版和陈列应用管理规范落地推行和遵从率；

• 协助中国区开设多家品牌形象店，以及海外重点大店的建设；

• 全球店面的可视化管理和执行；

• 监管执行、整改程度。

5. 零售部门子部门——线下业务管理部战略目标、定位职责及 KPI

战略目标

• 搭建一支高效的一线零售团队；

• 构建一个信息齐全的畅通的零售团队沟通平台；

• 有效地对一线业务（包括人、活动、执行、规则，非自有门店的目标达成，运营商资费政策和竞争品牌的市场信息收集）进行规范管理和可视化管理。

定位和职责：

• 制定一线销售团队的管理制度并监督实施；

• 搭建一线销售团队沟通平台，全面兼顾激励、培训、市场信息共享及人事制度；

• 协助部门进行供应商的管理；

• 协助部门进行区域管理；

•全面管理全球零售营销业务。

关键绩效指标 KPI：

•一线零售团队生产力（赋能效果）；

•一线零售团队满意度；

•各区域对 BTL^① 供应商的满意度；

•一线活动管理规范度和执行效果；

•对零售完成率目标负责；

•预算管理合规性；

•监管执行、整改程度。

6. 零售部门子部门——运营支持部战略目标、定位职责及 KPI

战略目标

•支持零售和促销管理部的日常运营（流程内控、授权设置、费用管理、信息安全、HR、组织氛围、绩效跟踪）；

•推动零售和促销管理部重点工作的完成。

定位和职责：

•负责对接 Marketing 质量运营模块 BTL 相关的工作；

•负责部门的运作支持，进行部门重点工作的可视化管理体系建设；

•流程管理，包括 BTL 流程规划、参与开发、评审组织、发布推行；

•内控建设，包括 BTL 风险地图、遵从性测试、半年度

———————————

① BTL（Below The Line）线下。

评估；

•费用管理，包括 BTL 业务规划统筹、预算分解、费用台账、费用预提和分析；

•承接部门 HR、业务助理、信息安全、绩效跟踪、案例学习职责。

关键绩效指标 KPI：

•重点工作完成率；

•运营支持满意度；

•内控建设度；

•部门高绩效建设度；

•监管执行、整改程度。

员工个人 PBC

PBC（Personal Business Commitment），即个人业务承诺计划，PBC 是战略制定后保障战略执行落地的工具。

PBC 是 IBM 创立的基于战略的绩效管理系统，IBM 所有员工都要围绕"力争取胜、快速执行、团队精神"的价值观设定各自的"个人业务承诺"。

PBC 协议书包括三大部分：1）业务目标（权重80%）包括 KPI 和关键任务；2）管理目标（权重20%）；3）个人发展目标（参考指标）。

例：零售部门主管 PBC

1. 全球零售阵地建设 20%

1）聚焦重点国家拓展零售阵地，提升店面品质。

•品牌形象店建设：全年建设完成店数，上半年建设完成店数（其中体验店店数、加盟店店数），下半年完成店数；

•专区专柜建设：全年完成数，上半年完成数；

•覆盖点拓展：全年完成数，上半年完成数；

•启动 IT 渠道阵地建设，全年完成店数数量；

2）零售门店规划与可视化管理，输出工具模板，指导一线作战

•重点大国 KA 门店梳理工具模板输出；

•零售门店数据可视化管理规范与工具模板开发；

•零售店运营指标月度可视化报告；

2. KA 客户管理与重点产品数据管理 15%

聚焦 28 大国，启动搭建 KA 客户管理平台机制，固化重点产品零售数据分析预警管理。

•KA 客户管理制度筹建，KA 政策的拟制，基础文件出台。

•云数据周报输出及 GFK[①] 报告对接和月度份额输出（通过云服务能力，构建以全产品、周为单位的数据管理分析和应用能力模型）。

•单店单产年度实现目标数量、挑战目标数量。

3. 促销活动管理 10%

建立不同业态的促销活动管理工具、模板，试点并推出案例，发展一线能力，拉动零售上量。

————————————

① GFK 公司（德语 Gesellschaft für Konsumforschung）全球五大市场研究公司之一。

•三种业务类型促销活动操作指导建立和优化（依次完成新产品上市、主题促销、KA 客户管理平台）。

•案例总结与输出，深度剖析各类型案例，覆盖若干重点目标国家。

•促销季活动的组织及发起。

•区域促销活动可视化管理，输出季度可视化报告。

4. 零售人员管理 15%

规范规则，加强激励、赋能以及话术落地培训，提升人员"卖高"能力。

•促销员 Global（全球）等级认证规则建立。

•促销员 KPI 绩效及管理激励 Global 规范建立。

•实施巅峰之旅活动（优秀督导促销员的评选活动）。

•促销话术推送，促销话术培训（中国、拉丁美洲国家、南太平洋地区、东南亚、南非）。

•打通零售金种子选手选送流程并完成输送，决定试点国家名单。

例行改进神秘访客制度，输出改进报告。

5. 陈列与体验品质提升 10%

零售陈列与体验分业态解决方案，提升陈列与体验品质，首批 4 个样板点城市陈列与体验解决策划与执行。

•输出陈列体验操作指导书，对一线进行方法论指导。

•完成首批 4 个样板点机关陈列体验解决方案输出（中国、中国香港、墨西哥、英国）。

•输出陈列体验可视化报告。

• 总结输出 2 个陈列体验案例并在全球范围内推送。

• 分品类输出品质提升评审要素点。

6. 促销品管理 10%

规范促销品供应管理，提升重点促销品供应及时性管理。

• 全球样机管理，计划体系建设，管理流程新建。

• 哑机流程、供应效率、及时性及画面改进。

• 重点型号创新物料的打样、招标、制作和首批推送。

7. 零售能力提升（应知应会与零售 IT 系统建设）10%

• 应知应会：围绕零售关键要素，推出相关课件、方法论、工具、案例等，并组织培训。

✓ 完成全球零售能力核心要素基本概念普及。

✓ 围绕 KA、阵地、资源管理输出一线执行操作手册。

✓ 面向全球国家经理开展零售能力培训。

• 零售系统 i-Retail 建设：中国区上线、海外试点两个区域。

• 关键价值市场管理办法和运作机制：通过价值市场管理办法，对关键市场的商业成功要素建立例行诊断和进度管理、资源管理，驱动商业成功。

8. 零售流程内控建设 5%

综合新业务拓展，审视零售业务流程，诊断流程与业务匹配度，优化提升流程应用与安全管理。

• 输出零售业务全景图与零售流程架构。

• 输出零售内控风险地图。

•输出流程与内控建设计划，并进行月度例行跟进管理。

9. 管理改进 5%

聚焦主要矛盾，明确方向，搭建体系，聚焦资源，实现改进与业绩提升。

•年度战略解码与零售 TOP（首要的）工作管理。

•可视化管理（推动例行可视化报告输出通报）。

•月报与专项会议：零售简报（按需要调整月报内容、模式、例行输出通报）；专题会议，对难点问题进行汇报、研讨、决策。

第 7 章

To C 变革先从意识革新开始

7.1 以终为始，到消费者中去

设立华为首席聆听官

在向公开市场转型伊始，提起"华为"二字，人们的第一印象依然还是通信设备供应商。在传统运营商市场，华为给人的印象大致可以归纳为"低调""可靠"，这在 B2B 市场是很好的品质。不过，当一个品牌需要直接面向消费者时，"低调"就成为一个障碍，而且"理工男"能感受到消费者细腻的、千变万化的心理吗？

为了迅速贴近市场、了解消费者、加速终端变革，在消费者 BG 成立不久，一位年轻的、充满朝气活力的女性张晓云被任命为华为的首席聆听官，她的角色职责就是跟消费者沟通，获得产品的反馈，在各种社交媒体上了解消费者对华为品牌的看法和评价等。

既然选择切入公开市场，那么一切就按照消费品行业的规则办事，华为转身极快。余承东在微博上频频发声，高调发布战略及目标，被誉为"余大嘴"。华为之前是躲媒体，现在则是与媒体交上朋友。下面是 2015 年 11 月一个月的华为消费者 BG 高管的部分发言活动，可以看出华为转变之大，已在消费品行业游刃有余。

•11 月 4 日，消费者 BG 营销运作部部长黄家文接受美国媒体团采访，阐述华为市场发展战略。

•11 月 5 日，消费者 BG 手机产品线副总裁李小龙接受美国媒体团采访，阐述了华为在未来高端手机市场的发展战略。

•11 月 5 日，消费者 BG 手机产品线美国区域总经理房增华接受美国媒体团采访，讲述与谷歌合作的缘起及合作故事。

•11 月 10 日，消费者 BG MBB&Home 产品线总裁杨志荣接受东北欧媒体团采访，阐述了华为穿戴领域的发展展望以及介绍华为 MBB&Home 产品线的显著优势。

•11 月 12 日，消费者 BG 战略 Marketing 总裁邵洋参加亚洲创新日活动并发表"下一代智慧手机"的主题演讲，传递"华为一直致力于价值为导向的创新"。

•11 月 12 日，消费者 BG 手机产品线总裁何刚接受东北欧媒体团采访。东北欧数十个国家 60 余家头部科技类媒体来访华为，何刚阐述了华为未来的发展以及华为品牌竞争力的关键。

•11 月 17 日，消费者 BG 集成交付管理总裁 Laine-Ylojoki Tommi 接受芬兰媒体团采访，向其介绍华为供应链方面的情况以及华为集成交付的战略。

•11 月 25 日，消费者 BG 荣耀总裁赵明参加南京大学公开课演讲，为师生们带来"用年轻与世界自由联接"的主题公开课。鼓励年轻人勇敢追梦，年轻是世界上最昂贵的第一桶金。

•11 月 26 日，消费者 BG CEO 余承东参加华为 Mate 8 上海发布会并接受专访，阐述了华为未来的战略布局以及展示了华为的研发实力。

•11 月 26 日，消费者 BG CMO 张晓云参加上海 Mate 8 发布会发表主题演讲，用真情实感阐述了华为及华为人 28 年来的坚持与执念，打动了在场的每一位观众。

•11 月 28 日，消费者 BG 手机产品线总裁何刚参加 2015 年商业评论大会，发表"执念，是一种信仰"的演讲，讲述了华为终端的艰难发展历程以及取得成绩背后所付出的坚持和执着的信念，传递了华为品牌的坚韧和耐性。

•11 月 30 日，消费者 BG 公共关系部部长徐翔宇接受科威特媒体团采访，介绍了华为品牌实力以及华为中高端手机产品的表现。

学会倾听消费者的声音、积极拥抱媒体和大众是华为"2C"转型的第一步，而后开展的"万人站店"活动则掀起了华为消费者 BG 全员面向公开市场、以消费者为中心、零售意识培养的转变的高潮。

开展"万人站店"活动

2012 年 5 月，终端公司 EMT[①] 成员率先在深圳华强北华为体验店开展站店实践，并对终端的管理者提出站店要求。经过一个多月的"试水"，终端"万人站店"实践于 2012 年 7 月全面铺开。截至 2012 年 12 月底，终端管理者、关键岗位员工、销售、MKT 类新员工、集团志愿者等共计 1300 余人参与了站店实践。"万人站店"活动已成为管理者及干部的必修课。建立终端意识、终端文化，通过站店与消费者零距离接触，倾听消费者的声音，这是最好的、最直接有效的方式。

通过站店，来自研发、产线、品牌、MKT 等不同部门的人很快会发现一些在公司里发现不到的问题。"消费者关注的点不是我想象中的啊！"一位负责研发的同事感叹道，"我们的手机最薄，手感最好，但是消费者说不在意这些，觉得我们的手机设计不好看。"还有消费者说，"你们的促销活动不给力，促销礼品也完全吸引不了我们！""包装盒是白色的，容易脏。"……

市场的这些反馈让有些人备受打击，因为之前日夜攻坚才设计出来自己满意的产品，但没想到消费者不买账。各部门逐渐意识到要贴近消费者，考虑消费者的需求和想法，不要自己想当然地去开发产品。

摆在终端面前的，还有更多挑战。从店面设置、柜台位

---

① EMT（Execative management team）经营管理团队。

置、外观设计、机模和真机的摆放、广告设计、促销策略、品牌推广到产品设计、营销节奏、铺货渠道、最后各环节的利益分配……"2C"真是一门系统化的大学问。

"站店活动"不是头脑发热的作秀，在华为是作为一项长期活动执行下去的。2014年9月29日，华为终端销服部门发出《关于国庆期间站店、巡店的倡议书》，要求华为领导干部在国庆期间深入一线、基层：

> 重大节假日的促销，各大厂商都会投入"重兵"，有效部署现场促销资源，以提升关键时段的成交量和市场占有率，并且有效展示厂商的实力和品牌印象，以及和消费者、零售商互动。目前我们中高端手机开始崛起，越来越需要加强和消费者的接触与了解，提升消费者的体验。如何加强和提升消费者的体验呢？我们要与消费者形成良性互动，对其传递品牌理念，构筑其对华为品牌的信心，这是促成高端机销售的最重要的环节，而我们的能力现状跟业务发展需求相比差距不小。因此倡议机关各级主管，尤其是MSS（市场、销售与服务）体系成员，能深入核心店面，去站店、巡店，去发现问题、检查问题，去看执行层面的落地情况，并有效解决促销员的困难；同时把促销员的问题，发现的能力差距，带回公司，认真研讨，跟踪问题的解决，有效改善零售末端的战斗力。

> 巡店/站店以解决问题为主，参考以下中国区巡店/站店核心工作要求。1）货源，特别是重点机型货源是否充足，出现断货帮助协调；2）主推：了解核心KA、核心厅店的主

推政策是否在一线厅店执行；3）竞争：了解一线厅店信息，特别是友商信息，分析应对；4）一线问题及困难收集并解决；5）标准陈列检查。

除了站店，华为终端还安排了"站产线""站服务"等活动，围绕消费者业务的全流程，让每一名终端员工去体验、了解，真正学会以消费者为中心。这一系列围绕广大消费者的努力和变革，不断地推动终端前进；以消费者为中心的文化转型，也逐渐渗入每一位终端员工的行动中。

时任华为终端全球零售管理部部长的李光"站店"后写了一篇文章《"终端为王"永远不会过时、"形神合一"加速零售工作改善》，他指出：

华为内部关于线上、线下孰轻孰重的问题讨论很激烈，小米线上销售模式及饥饿营销、三星线下零售阵地建设及强调顾客体验服务哪一个更能抓住市场的脉搏、更能给华为更多的启示意义，这些都值得探讨，所谓"知己知彼、百战不殆"。通过考察、走访市场，同时通过站店，从一线的角度对华为零售终端、人员进行考察，对消费者进行洞察、分析，得到如下结论：一是"终端为王"永远不会过时，线下、线上同样重要；二是华为要"形神合一"提升中高端产品销售、加速华为零售能力改善提高。

1. 零售要狠抓体验、要重视品牌建设，做好零售管理工作是"华为手机成为世界第一品牌"愿景的保证。线上线下互动、相辅相成将成为未来几年的发展趋势，华为如何迎

华为零售

合或将引领这种趋势是需要我们从现在就要思考的。不占领终端、不建设自己的零售阵地，相当于没有了舞台，没有用武之地，"华为手机成为世界第一品牌"的愿景也很难尽快实现。

2. 华为要"形神合一"提升中高端产品销售量、加速华为零售能力的改善与提高。2013 年，机关努力完善各种零售流程建设、零售组织建设、零售工具开发等；2014 年，华为大力推动零售阵地的建设，发布华为门店 SI 标准、建店标准，指导区域、国家抢占零售阵地。通过站店，华为零售终端的"形"有了，但是"神"还有所缺失。如何"形神合一"、独一无二的、带有华为特色和烙印的华为零售阵地将成为今年及明年的工作重点。在后续工作中机关零售管理部门将主抓以下几点以促进"形神合一"、提升中高端产品的销量、加速华为零售能力的改善与提高：

1）零售阵地建设（量质并重、店商匹配）；

2）零售组织建设（零售组织规划、人店匹配、服务提升）；

3）零售培训赋能（华为培训、客户培训）。

通过李光的"站店"经验分享可以看出，此时华为高层已经认识到零售是一项非常重要的业务，而且也是一项需要长期建立能力、关注细节的工作。通过站店很好地统一和提升了全公司的零售意识，进一步巩固了"以消费者为中心"的指导思想，为后续在公司内全面推行以"Sell Out"为目标、向公开市场转型的"2C"变革打下坚实的基础。

7.2 以行践言,重视执行

如果说战略解码是战略与执行之间的桥梁,那么执行就是目标与结果之间的桥梁,缺少执行,再好的战略也是一纸空谈。

来自美国《财富》杂志的数据显示:在美国约有 70% 的企业失败并非源自低劣的企业战略,而是因为确定的战略没有被有效执行;经过精心策划的企业战略只有不足 10% 得到有效执行。通常,投资者 / 员工、公众会把责任归咎于 CEO 的战略错误,但是经过分析发现,大多数情况下,战略本身并不是失败的根本原因,其根本原因在于公司战略没有得到很好的执行。全美企业经理人员协会将"执行"评为经理人员必须掌握的技能之一,该协会认为,经理人员必须问自己:公司执行得如何,管理层的预期和企业的实际表现之间存在哪些差距。

这些对其他公司是问题的问题,在华为恰恰不是问题。华为从上到下都十分关注执行,强调以终为始,想好了就去做,并一定实现。2013 年,在巴塞罗那 MWC 展会上,华为发布全新品牌理念——以行践言(Make it Possible)。"以行践言"的全新品牌理念是华为向大众做出的承诺,告诉所有人,"做世界级的终端品牌,有人说很难,我坚持给你看"。

华为终端销服部门有一个内部沟通群,包括华为消费者

BG CEO 余承东、副总裁营销服负责人徐钦松等公司"大佬级"人物，以及机关及地区部、代表处相关的负责人、专家、核心骨干都在群里，方便时时进行沟通。在群里，余承东发现某部门工作执行不到位，可以直接指出问题，责成相关人员进行解决；某国家或地区的一线员工，也可以指出机关某部门的工作不到位或提出改善意见。由于每一项工作关注执行、关注结果、关注改善、关注复盘，都有责任人去跟进，因此工作效率很高，执行到位，必然也能达到预期的结果。

2014 年 9 月 12 日余承东参加中国区 Mate7 手机发布会后，感觉发布会确实办得不错，有档次，但会场太小太拥挤。另外花几百万请著名主持人、外国模特、外国歌唱家及演员来搞一场豪华的发布会不值得，应该回归到宣传产品本身。这样一来，省下的费用可以折算成相应数量的手机赠送给媒体及相应的合作伙伴，让他们实际体验华为的旗舰产品，通过体验，增强对华为的信心。因此他在发布会结束当天的夜里就在群里提出这样的想法和建议，让相关部门思考，如何让媒体及消费者更好地参与及感知华为的新品。

发布会的负责部门立即做出回应，进行相应的调整。在2014 年 9 月 29 日项立刚的微博已看到相应的效果："……华为厉害的是参加发布会人手一部手机，马上就是几百个种子，到处都有人在说这个手机，说体验。"钱花在了刀刃上，发布会也取得更好的效果。

余总非常重视品牌、渠道和零售等业务，经常去巡店、访店，通过与消费者和一线店员直接面对面沟通和交流，掌握第一手的产品和市场信息。每一次访店后他都会直接在群里提出存在的问题，推动着相关部门尽快改进。例如有一次访店后他写道：

"我去零售店巡店看到几个问题：（1）华为手机的演示视频不能自动放映，需要点一下才能播放，这样很不合适，需要改进！华为 LOGO 展示可以在视频循环播放的开头与结尾处放映。（2）我们柜台上的产品规格展示不理想，描述非常平淡，完全没有震撼力。P8 不仅仅是普通 13M 照相机[①]，是 4 色传感器，而且有 OIS[②] 光学防抖，我们手机超长电池续航能力等，前置 8M[③] 自拍效果好等，这些卖点要展示出来。（3）应该撕掉演示样机的屏幕保护贴膜以提升体验。（4）缺少华为配件零售，影响消费者购买决策。（5）一些展示小柜子的设计不够好，华为的标识与体验不够明显，或者手机摆放的位置不够好，让消费者不易发觉。"

又如一次在泰国曼谷访店后余总写道："最大的问题是我们店里的手机型号实在是太多太杂了，我们需要同时销售 G 系列和 Y 系列各型号的手机，还外加两代荣耀各系列手机吗？旗舰 P7 只有一个黑色体验机，却没有白色款；G7 只有一台白色展示机，黑色款和金色款都没有；荣耀 6 Plus 卖得比 Mate7 还贵一些，但只有黑色款单独展示。对于低销量的机

华为零售

① 13M 照相机，指 1300 万像素的照相机。
② OIS（Optical Image Stabilizer）光学图像稳定器，功能是通过镜头的浮动透镜来纠正"光轴偏移"。
③ 8M，指 800 万像素。

型，是否可以从旗舰店和主要门店里淘汰掉？我们每个国家的店面都需要卖如此之多型号的手机吗？"

以余承东为代表的华为干部通过这种细致及务实的工作精神和态度为其他员工树立了榜样，最终在消费者 BG 内形成了重视执行、关注结果的风气。

第8章　零售管理关键业务举措

　　"基于零售战略目标，对零售战略进行解码，以确认实现战略所需落实的关键业务举措"，这套方法论来源于华为自IBM引入的BLM模型，通过此模型可以明确商业战略以及前进的方向。通过识别关键业务举措并坚定地、不打折扣地执行，华为终端零售获得了大发展，达到一个又一个里程碑。

　　2012年，华为终端中国区通过制定和实施"16+4"[①]战略，零售工作先聚焦核心客户以及核心区域，之后以点带面，带动整体零售业务能力的提升，华为的终端渠道建设进一步提速。在深化运营商渠道的基础上，华为终端也全面开展社会化以及电子商务等多样化渠道建设。在全球同600多家渠道商建立合作关系，开放市场总销售收入同比增长23%。在中国，华为与天音、爱施德等分销商及国美、苏宁、迪信通等零售商建立战略合作关系；在俄罗斯则与核心零售商展开深入合作，2012年公开市场销售收入同比增长500%；在德国、英国、澳大利亚等国家与当地主流分销商建立合作伙伴关系，推进产品在社会化渠道的销售。

---

① "4"指国美、苏宁、迪信通、乐语，"16"指全国零售能力Top16区域。

2013 年 5 月 18 日，华为终端品牌形象店在深圳华强北盛大开业。华为终端旗下包括手机、平板电脑、移动宽带等在内的产品全线上阵，让消费者全方位体验华为终端产品带来的极致移动互联生活。这是第一个严格意义上的华为零售阵地。

在渠道建设方面取得突破，公开渠道销售收入同比增长 98%。在中国、俄罗斯、意大利、英国、沙特、菲律宾、南非等零售集中度比较高的公开市场，华为智能手机增长 80% 以上。与此同时，华为与中国、西欧、中东、东南亚等各地市场的 TOP 分销商、零售商建立战略合作，并取得规模销售效应。

2013 年，华为在电商渠道建设方面成绩斐然，先后推出华为 Ascend Mate、荣耀 3 Outdoor、华为秘盒、荣耀 3C 和荣耀 3X 等产品并在线上持续热销，其中荣耀 3C 用户预约超千万，创华为手机销售成绩的历史纪录。

2014 年，华为公司通过开展消费者"2C"项目群建设，完成 Retail 业务流程架构 V1.0 试发布，在 70 个代表处落地 PRM① 项目，在中国和泰国上线零售门店管理系统 iRetail，完成进销存管理系统 PSI V1.0 全球部署，拉通 Sell In、Sell Through、Sell Out 数据，实现对渠道、零售业务日常运作管理和效率提升。

2014 年，实行"华为 + 荣耀"双品牌运作，坚持精品策

---

① PRM（Partner Relationship Management）合作伙伴关系管理，主要实现与内容和服务供应商、集团客户等合作伙伴的复杂的收入分成、结算、评估及合作伙伴产品管理等功能。

略，在多个国家成功进入智能手机第一阵营。华为品牌旗舰智能手机的市场份额大幅提升：P7全球发货400多万部，畅销全球100多个国家和地区；Mate7在高端旗舰领域人气攀升，供不应求；荣耀品牌手机以互联网为渠道，全球销量超过2000万部，一年来增长近30倍。

2015年，华为消费者业务在前沿科技、极致体验等领域持续创新，与更多合作伙伴开放共赢，努力探索科技与人文、时尚、艺术等领域的融合创新，积极引领科技文化潮流，品牌知名度、产业影响力、消费者喜好度等得到进一步提升。这一年，华为的全球品牌知名度从65%提升至76%、中国品牌知名度提升至97%；华为品牌全球净推荐值上升至47；成为唯一一家同时进入全球权威品牌榜Interbrand和BrandZ百强榜的中国企业，分别位列第88位和第70位。

华为品牌的持续成长和优质的产品品质赢得全球各类顶级品牌的青睐。施华洛世奇与华为合作推出了全球首款女性专属智能手表，以优雅的气质和高贵的品质获得广泛赞誉；哈曼卡顿与华为揽阅M2系列完美融合，使得产品音效品质获得全面提升；谷歌与华为强强联合的Nexus 6P成为原生安卓的新标杆，全面提升了华为在安卓阵营的新高度……通过五年持续创新，华为成功在中高端市场中崛起，实现全球市场份额提升。GfK报告显示，华为智能手机在中国市场零售份额持续领先，在全球市场以9.9%的份额稳居第三。其中，欧洲、拉美、中东、非洲等地区实现迅速增长和份额领先。在部分西欧发达国家，华为在高端智能机市场有重大突破，市场份额排名前三。

在渠道方面，华为进一步完善全渠道建设。2015 年，直接合作的公开渠道客户达 1400 家，覆盖全球 135 个国家。公开渠道（含电商）销售收入同比增长 130%，占比超过 58%。全球零售阵地超过 53000 家，大幅提升华为品牌的零售体验。同时，华为以消费者为中心，面向全球 100 多个国家，在重点城市打造 5 公里实体服务中心和全覆盖的多渠道线上平台，并建立线上线下协同的统一平台。

综上所述，从 2012 年至 2015 年华为终端发展是跨越式的大发展，最直观的是华为智能手机的销售，从 2012 年的 3200 万部跃升至 2015 年的 1 亿零 800 万部。这么多的手机可是在零售门店一部部地直接销售给消费者的，能够取得这样的成绩凝聚着华为零售人的心血，取得这样大的成绩是华为零售团队持续进行业务变革，年复一年执行关键业务举措的结果。

8.1 零售店面建设管理

零售店面建设

"中美洲第一家华为品牌旗舰店于 2013 年 12 月 17 日在危地马拉城开业。旗舰店为华为与危地马拉最大的零售商 Conection 合作的联合专卖店，坐落于危地马拉城最繁华的 "Pan American" 大道上的标志性建筑 "Tikal Futura" 大厦一楼，紧邻危地马拉最大的购物中心，人流密集。

　　来自当地三家运营商的分销和零售客户、渠道商、分销商以及媒体各界近 80 人出席了开业仪式，华为同时发布了圣诞新年促销活动，并现场抽奖西甲球衣。"

这是来自华为拉美北终端 Marketing 部在《华为人报》上的一篇报道。自 2013 年 5 月 18 日中国深圳华强北旗舰店开业后，在全球部分城市陆续建立起华为品牌形象店。此时的华为形象店更多的是起到品牌宣传作用，建立在核心的手机界地标性的场所，告知同行和消费者："嘿，我来了。"

　　"终端建门店，可不是'拉抽屉'：想用时，就拉开抽屉，不用时，就关上。产品火时，开一家门店很容易，但如果某一家店因经营不善关掉了，会有什么影响？失去的可不仅仅是一家门店，而是消费者、合作伙伴对品牌的信心。因此，零售体系制定了开设门店的标准和流程，专业的事交给专业的人来做，明确只和业界有成功经验的零售商合作，优胜劣汰，并关掉了不符合要求的门店。"

——华为消费者业务副总裁 & 大中华区总裁朱平

一、谋定而后动

　　转型初始，华为面临着"2B"向"2C"的转身，尤其是面对公开市场的千变万化、纷繁复杂、千头万绪的环境，光是店面就面临着不少新课题：例如店在哪里开、怎么建、建什么样的店、怎么管店、怎么在店里做促销、怎么管理店面的促销人员、怎么提升销售等，都没有成熟的经验可循，都需要摸索。但是，华为不怕，因为华为有快速追赶、超越的方法。

华为从创建那天起一路走来都是处在一个学习的过程，华为会向一切优于自身的对手、伙伴学习。华为在20世纪90年代的中国市场，正是通过向竞争对手、友商们学习，不断追赶、不断超越，才能从诺基亚、爱立信、西门子、贝尔、摩托罗拉、朗讯等这些大名鼎鼎的世界级公司中脱颖而出的。

华为知道，竞争对手拥有几十年甚至上百年的经验，技术领先，世界一流，引领着技术与市场的发展趋势，通过向他们学习，是最好的捷径。华为当年在核心网业务上的学习、追赶是这样做的，"2B"向"2C"转型过程中更是这样做的。公开市场业界标杆是怎么做的，华为终端公司也积极向外探索学习，通过与各领域咨询伙伴深度合作、引进各领域的资深专业人士等多种方式学习总结；因为标杆和行业的经验都是经过实战的累积，较华为是先进的；僵化执行之后，随着华为经验的积累以及业务的熟练，按自己的标准及要求再不断优化，使方法和流程更加适合华为公司运作的体系；待业务稳定、成熟、体系化之后，运用流程将之固化下来，成为工具、形成方法再在全公司推广执行。华为向业界标杆学习的目的不是简单模仿，更不是抄袭，而是超越。

在华为零售门店的建设管理中，华为引进明白人（诺基亚、三星、苹果等），然后参考业界标杆，开始了零售阵地建设之路。

按照零售战略规划，最终华为要具备以一定销售额为目标的零售能力。前文介绍 2013 年的战略目标"至 5 年后华为要具备零售额 500 亿美元产品的能力",那么,需要有多少个华为零售门店来承接这些目标?华为要如何选店、建店、运营这些门店以实现这一战略目标?如图 10 所示的是如何将零售金额目标转化为零售阵地建设目标。根据产品的平均单价,可以计算出每年零售手机数量目标;再按照行业内的单店单产,则可以大致计算出来所需的零售门店数量。再通过改善门店的运营模式,不断提升单店销售能力,从而实现总体零售目标。这些数字只是纸面上的,如果要落地执行的话,还需要深入细化,变成可执行的方案。

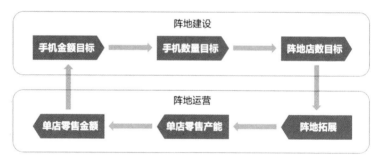

图 10　零售金额目标转化为零售阵地建设目标

二、零售普查

在进入某个区域、某个市场进行渠道及零售战略规划前,必须开展零售普查工作,正所谓知己知彼,百战不殆。根据零售普查的结果,可以制作零售地图、指导阵地建设、规划零售资源投资。零售普查的基本流程如图 11 所示。

图 11 零售普查的基本流程图

零售普查第一步，进行宏观大盘数据的收集和分析。可以通过第三方报告（GFK 或赛诺等）、公开的客户经营报告等，分析出产品的市场份额、ASP[①]、单店单产、阵地覆盖有效性、不同零售业态销售占比、产品销售结构走势等，根据这些数据可以大致确定华为零售门店建设方向以及渠道客户合作方向。

零售普查第二步，进行零售门店微观数据的收集和分析。引入明白人，通过合作方提供（客户零售系统数据）、数据购买（市场调研公司）、自主调研（自行扫街普查）等方式获取数据，进一步掌握零售门店详细信息、主要客户的实际情况（核心渠道阵地分布与产能等）、单店内各品牌销售情况及门店容量、人员配置等，挖掘机会点，不断动态调整华为零售阵地建设方案。

零售普查第三步，对相应的数据进行分析，形成分析报告，内容包括市场整体情况、渠道及零售客户分析等，为后续制定零售客户开发计划及零售资源投入等做好准备。

三、谋店（华为零售阵地标准）

华为零售门店的标准是什么？每类门店建多少家？没有

---

① ASP（average sales price）平均销售单价。

规矩不成方圆，这些问题零售管理总部需要进行梳理和制定，给出答案和标准，以指导各地区部各代表处落地执行。

华为将阵地分为 6 级：旗舰店、高级体验店、体验店、专区、专柜、销售形象点。（如图 12 所示）

全球旗舰店、塔尖（战略投入、品牌需求）

高级体验店（销售及形象）

体验店（销售及形象）

专区

专柜

销售形象点

图 12　华为零售阵地形象等级

旗舰店：华为最高等级的零售门店（阵地），面积不低于 800 平方米（海外门店不低于 300 平方米），必须是核心零售客户才有合作资格，运营合约不低于 3 年。在城市级别上必须是 T1 城市核心商圈。展示和销售全系列产品以及融合墙（以手机为核心，其他 MBB、路由器、平板电脑等产品融合展示墙）。

高级体验店：独立门头或者独立 LOGO 形象墙，面积 100 平方米以上（海外门店 80 平方米以上），T1 及省会城市，展示和销售全系列产品以及融合墙。

体验店：独立门头或者独立 LOGO 形象墙，面积 50~100 平方米（海外门店 30~80 平方米），T1/ 省会城市 / 普通城市，展示和销售全系列产品以及融合墙。

专区：独立 LOGO 形象（吊楣、吊顶灯箱，LOGO 形象墙，LOGO 柱子，可多选一），面积 5~50 平方米（海外门店 5~30 平方米），T1/ 省会城市 / 普通城市，核心商圈和普通商圈，不要求全系列产品。

专柜：华为独立柜台（开放柜台或封闭柜台均可），符合公司 SI 或者区域 SI 要求，面积 3~5 平方米，T1/ 省会城市 / 普通城市，核心商圈和普通商圈和边缘商圈，不要求全系列产品。

销售形象点：要求显著 LOGO 形象标识及独立销售陈列区，1 平方米，T1/ 省会城市 / 普通城市，核心商圈和普通商圈和边缘商圈，不要求全系列产品。

以上各类型门店的比例约为旗舰店 + 高级体验店 + 体验店占比 5%~10%，专区 10%~20%，专柜 20%~30%，销售形象点为 40%~65%。华为零售阵地的标准制定后，对后续工作的开展至关重要：

1. 不同的门店等级对应不同的销量，因此，根据零售目标可以推算规划出不同等级的门店建设数量。

2. 不同等级的门店对应不同的建设费用，根据门店建设数量计划可以制定门店建设费用预算。

3. 根据门店等级及门店数量，可以进行零售资源规划（样机、陈列道具、灯箱片等），提前规划和预算。

4. 按照年度节日及产品上市节奏进行门店促销规划及预算。

5. 根据门店数量及区域分布，可以进行促销人员及零售管理人员的组织规划。

四、建多少店

这是主要解决在规划过程中建多少店的问题，也就是将销售额目标转化为零售手机数量以及零售门店数量目标。

以某国家为例，某一年度的手机销售金额目标为 5850 万美元，手机平均单价为 150 美元／部，则可推算出销售目标为 39 万部手机，平均每月单店单产为 20 部手机，则至少需要 1625 家门店。按照门店经验（金字塔形，越高等级店数量越少、品质越精、投入越大）以及不同类型店的成本支出及月销量情况，从而确定出体验店需要建设的数量以及专区、专柜、销售形象店所需求建设的数量（可参照图 10）。

五、和谁建

华为的零售门店要建立在有销售实力和潜力的卖场里，最简单的方式是执行"跟随策略"，业界标杆在哪个卖场，华为就进哪个卖场；业界标杆在卖场中哪个位置，华为就紧贴在业界标杆旁边。这种做法有几方面好处：卖场的品质肯定是得到业界标杆首肯的，能够保证一定销售量的，对回收成本有保证；业界标杆的展区肯定是在卖场的核心位置，客流量及客流的质量都是有保证的，因此，华为这样选择是没错的。

除了跟随策略，通过零售普查，华为还建立了自己的零售门店数据库。华为对整个区域的渠道模式、核心客户都有较明确的认识，门店建设本身就是资源投放和配置的过程，可聚焦核心客户，共同合作开发市场。

六、在哪里建

通过零售普查的结果，基本上已明确可以与哪些零售大客户进行合作。另外，以中国区为例，华为又梳理出全国356个核心商圈，可聚焦在这些商圈内进行零售阵地建设。通过以上几个步骤，华为已对不同客户、在不同卖场中建设何种类型的华为零售门店有了清晰的目标，从而可以按部就班进行阵地建设了。

七、门店建设

明确了建店规划后，接下来的工作就是阵地申请与审批等环节，涉及测算 ROI[①]、预算、供应商资源池建立，以及选址规范及要求、客户合作洽谈、进驻租赁、阵地设计施工及验收等环节。

通过一系列内部的努力运作，华为零售阵地就呈现在消费者面前了。

零售店面 SI

SI 系统（Store Identity System）是门店形象识别系统，是针对有连锁加盟性质的企业而实施的店铺形象设计与管理系统，一般包括"专卖店理念、文化及行为识别；专卖店展示系统；专卖店宣传规范"等三个部分。华为终端 SI 规范的目的在于统一华为终端公司内部团队以及其他相关供应商的门店设计方向。SI 规范涵盖了所有华为零售终端（体验店、专区专

---

① ROI（Return on Investment）投资回报率。

柜及其他）规划设计原则，涵盖"标准元素"、"区域划分与布局"、各种不同类型的零售终端形象示意等多个方面，可以使相关各方轻易掌握并应用到各个零售终端中。

SI 系统的作用：

1. 统一形象：每个地点的店面尺寸大小都不相同，透过 SI 规划能够统一整体的形象，不会因位置的不同而产生差异化。

2. 塑造个性化：透过专业的 SI 设计，可塑造店面独特的风格，较不易为他人所模仿。

3. 节省费用：系统设计及施工能够有效降低施工费用。

4. 缩短工时：平均可缩减 40%~50% 的施工时间，相对也就减少房租的负担及增加营业的天数。

5. 快速开店：每间店面不需单独设计，施工单位在 SI 手册上就可以找到几乎所有的施工条件，立刻可以动工装修。

6. 便于管理：没有规格化的设计，常因个人标准不同而改变了原貌，SI 的规划解决了这个问题，统一条件使管理更简易，品质也比较好控制。

7. 加盟促进：拥有完整的 SI 规划，更能促进加盟者的意愿与共识。

SI 系统的规范设计包含几个最基本的原则：

A. 要与品牌的理念识别（MI）及行为识别（BI）相吻合；

B. 要充分考虑市场定位的适应性；

C. 要兼顾空间及美学、消费心理等多维层面；

D. 要在品牌视觉识别（VI）的基础上延伸应用。

SI 系统必须与 VI 系统协调呼应，店内装饰、门头、主色调都应严格延续 VI 系统的规范，这样才能有效地传达品牌讯息，让消费者多角度而统一地了解品牌，从而推动产品的销售。如 LOGO 的应用，要严格执行 VI 规范，门头和形象墙需要具备统一性和延续性，辅助图形也要在店内装饰中渗透应用等。

零售店面建设费用

华为面向公开市场，拥抱公开市场，迎接竞争和接受挑战，已做好了准备。但如果要做好公开市场首先需要解决零售阵地建设的问题，华为只有拥有华为品牌的零售门店，才能进行有效的管理，最终实现销量的提升。也就是说产品、品牌、渠道、零售等都是要有门店去承载的。而建店就需要有大量的资金去投资，因此在做零售战略规划时，华为终端零售管理总部聚焦于全球的 TOP 国家进行公司级战略穿透费用 [①] 的支持，在这部分国家的核心区域的核心商圈与核心客户进行零售阵地的建设。

零售阵地建设和品牌建设，是一个长期的投资过程，见效慢，但是不能不做。在零售成长期，华为能够洞察零售基础能力的重要性并果断花费巨资进行投入，这是一个果断而英明的决策。零售阵地与品牌建设是一个势能积蓄的过程，当达到

[①] 穿透费用：公司基于战略规划，对全球市场进行的专项投入。从 2014 年起华为集团给予的战略穿透费用用于支持区域长期市场能力建设，包含长期的零售阵地建设和长期的品牌建设。

一定阶段，就会爆发、引燃。表 1 是华为智能手机年销售量以及年增加数量，可见，如果没有基础能力的提前建设和蓄能，就没有后来跨越式、井喷式的增长。

表 1　历年华为智能手机销量表

单位：万部

年份	销量	增加数量
2010	300	—
2011	2000	1700
2012	3200	1200
2013	5200	2000
2014	7500	2300
2015	10800	3300
2016	13900	3100
2017	15300	1400
2018	20800	5500
2019	24000	3200

8.2 零售店面运营管理

零售管理的目标就是要"创造利润、彰显品牌，实现商业成功"。零售门店管理的重大意义就是实现"三赢"。

✓ 消费者"赢"：对品牌及产品的满意度提升。

✓ 零售客户"赢"：有钱赚、与华为形成良好的合作关系。

✓ 华为"赢"：利于品牌的良好宣传、产品的良性走势。

我们希望，每一个走进华为门店的消费者，能看到、听到、闻到，甚至每一个毛孔都能感受到华为的温度，让这种温度在不易察觉的瞬间，偷偷地在消费者心上生根发芽。

零售门店管理的终极目标就是要提升单店单产，终端产品能够卖得好。

如何判断零售做得是否好？两个方面，一方面能卖货，另一方面消费者满意度高。最直接的数据体现就是销量高、销售额高。

根据图 13 所示公式，公司总的销售额等于进店客流量乘以成交率乘以客单价再乘以门店数量，其中客流量、成交率、客单价构成了单店产能。

零售做的好 ＝ 销售（量）（额）高

销售额 ＝ 客流量 × 成交率 × 客单价 × 门店数量

单店产能

ASP: Average unit price
ATV: Average ticket Value

图 13　零售关键公式

假如客流量是 1 万人 / 月，成交率是 1%，每单平均价格是 1000 元，那么单店就是 10 万元的销售额；如果有 1000 家店，那么 1 亿元的销售额就完成了。

如果想提升销售额，那么可以思考如何提升各因子数值，例如提升客流量、提升成交率、提升客单价。假如成交率变为 2%，每 50 个进店客户就有一个购买产品，则销售额提升 1 倍，这将是很大的增长。那么，如何提升这些因子的数值呢？

图 14　零售公式之要素分解示意图

想要提升各因子数值，就要分析各因子的影响因素。

•由图 14 所示，客流量可以分为老客户与新客户，如何吸引新客户进店呢？众所周知，在街上看到的"跳楼价、大甩卖"等利用夸张的描述引起路过客户的注意就是吸引客流的一种方式。当然，华为不会采用这种使人反感的方式，而是通过在店门前的促销活动、绚丽多彩的橱窗陈列等来吸引新客户进店；目前线上线下互动，也是相互引流的一种方式；对老客流的吸引及保持要靠"感动顾客、顾客体验、关系维护"等方式来进行。成交率的提升与员工意愿、员工能力、员工经验以及促销活动有关；而员工意愿、能力、经验又涉及公司激励考核政策、培训、发展机会及企业文化等。

•客单价的提升与员工卖高能力、产品解决方案销售、陈列都有关系的。

•单店销售提升了，门店数量在可控范围内数量越多，也越有利于销售的提升。

综上所述，想要做好零售业务其实是有很多方法的，销量是可以提升的。只要将零售门店运营管理工作做好，将促销工作做到位，将促销人员培训工作做到位、强化服务消费者的意识及意愿，就一定能做好零售工作。

以上内容是从零售公式的维度来分析销售量与相应影响因素的关系，借此发现零售店面运营的关键点。另外还有一个重要维度可以展开，那就是通过消费者购买产品的行为模式的角度展开，那些影响消费者购买产品决策的接触点都是零售店面运营需要关注的要点。

1. 品牌及口碑

涉及品牌知名度、品牌美誉度、PR① 及 Digital 以及粉丝经营等。这样的例子太多了，相同品质的产品，即使外形及功能一模一样，但是贴不同的品牌，就会有不同的销售表现。这就不难理解为什么品牌和商标都是有估值的，那是因为品牌和商标能带来实实在在的价值。从零售店面的角度看，零售店面的门头、产品、陈列，甚至促销人员的精神状态、服务态度，都

---

① PR（Public Relations），中文名为公共关系，指组织机构与公众环境之间的沟通与传播关系。

是品牌及口碑的具体呈现。消费者如果在零售门店感觉不满意了，他不会说促销人员不好、门店不好，而是会说品牌不好、华为不好，会说"华为的门店怎么这么差呢，还不如其他品牌呢"。

2. 产品

消费者进店是否可以找到最新的产品（有无及时上柜），看到新品想购买的话是否有货（现货及库存管理）。试想一个场景，消费者通过媒体或者朋友推荐，兴致勃勃地来到零售门店准备体验最新上市的手机，进来后却找不到任何新品的信息，也看不到 POP① 和样机，这种心情落差该有多么巨大。或者看到样机了，爱不释手，体验也不错，跟促销人员说要立即买单，但促销员却说，不好意思，目前门店没有货了，正在协调进货。消费者的一腔热情就付之东流了。因此，现货也是消费者购买模式的一个影响因素。

3. 性价比

消费者非常关注性价比，往往要货比三家，如果不能向消费者呈现出该产品的价值，就很难激发消费者的购买欲望。一方面要有能够和竞争对手的产品比价的能力，另一方面要通过买赠、补贴、促销活动等方式，让消费者感受到物超所值。

4. 终端形象陈列与体验

美好的事物令人赏心悦目、优美的景色令人流连忘返。零售终端的形象、生动化的陈列、空间舒适度、舒心的体验与

---

① POP（Point Of Purchase）卖点广告。

贴心服务，这些可以为消费者打造一个立体、全方位的体验环境。在这种氛围下的消费者怎会不充分享受购物的乐趣呢？

5. 促销人员推荐

有无人员的推荐对消费者的最后购买决定起到至关重要的作用，这个临门一脚非常关键。根据已购商品消费者的调查，仅有20%的消费者事前计划买某品牌的某产品，而最终购买了计划内的产品；剩余80%的消费者都在体验、感受中或换了产品型号或换了品牌，而在这转变的过程中，促销人员的作用巨大。正因为如此，华为对促销人员的培训十分重视，不仅是从销售技巧方面，还从服务意识上加强培训。华为要求促销人员按消费者的需求推荐相应的产品，而不是推荐贵的或者是利润高的产品。

总结以上两个维度的分析，良好的零售店面运营管理可有效提升零售门店的单店单产，这主要与两方面有关：一方面是良好的购物体验，含高端的门店形象，激发消费者体验欲的门店陈列、吸引人的营销活动、优质的客户服务等；另一方面是优质的成交体验，如完备的信息化管理、优秀的日常运营、人员管理及销售管理等。

良好的购物体验

想要做到良好的购物体验，方法很简单："只有把自己当成一名普通的消费者，设身处地地代入思考，关注每个细节，问问自己满意吗，这样才能真正读懂消费者的心。"

• 意识转变，要从经营产品到经营客流，再到经营顾客满意度。

•从"总成本最优战略"到"差异化服务战略",打造无法抗拒的零售体验。

首先,良好的购物体验离不开华为零售门店的形象和陈列。

这就需要关注以下几点:

•华为零售门店总体的呈现要高端简洁,充满现代感,具备标准化可操作性的要求。

•零售门店形象是消费者建立对终端品牌认知的第一环节,要使用规范统一的形象,这对于华为建立 Global 的品牌形象非常重要。

•各层级的零售管理人员要承担起相应的职责,维护好华为门店形象和门店陈列。

•零售经理和督导要确保各级门店遵守华为 SI 和陈列标准;管理门店基本运营状况;优秀运营案例推广;定期巡检;不良情况及时反馈并跟进改善。

•门店人员要根据门店工作守则,进行门店形象维护;按照标准和守则,一天多时段、多频次进行改善,确保门店干净整洁;发现问题及时解决,通知督导。

人是感性的,在零售店面中可能灯光、背景音乐,甚至气味都会影响到消费者对门店的感受。为了保证消费者的良好体验,华为成立项目组对灯光进行了深入研究。项目组遍寻建筑设计行业相关书籍、网站,以及研究权威机构有关灯光的标准,同时还参考了商场、酒吧、餐厅等不同场所的灯光,借鉴创新点。项目组成员发现，不同的灯具，经由人为的调节，可以营造出不同的氛围。灯光就像颜料，可以构建出一幅美丽的图画。为了把消费者所感受到的最舒适的灯光，量化成可以度量的标准，项目组还在样板店中放置了两个广告灯箱，一块保持原样，另一块做成可调整照度的，根据环境调整成让人最舒适的状态，记录下此时的各类参数。这样一来，所有的感受就不再是主观的了，而是有了客观的数据及标准，从而可以制定相应的规范。自此，零售管理人员可以借助照度仪等专业的工具，去供应商的工厂现场检测，确保所有灯箱都能按一个模子来制作，以给消费者带来最舒适的灯光，在所有的门店达到一致的体验感受。

店面样机的陈列也是消费者满意度影响因素之一。例如用于陈列样机的手机支架兼具防盗、充电的功能，但使用一段时间后却总是频繁出现问题。又例如消费者体验完将样机放回支架的时候，常常出现样机放不稳、脱落下滑的情况，有时还会误触发警报，尖锐的报警声不仅让店内消费者吓一跳，而且当事人也会很尴尬，体验的感受就是极差。

这是好的体验吗？答案当然是否定的。因此项目组又有了攻关的动力，就是想办法让手机支架进一步完善，弱化它的存在感，让消费者体验产品时不再受约束。

项目组先从质量上攻关，减少误报给消费者带来的困扰。此时的手机支架由防盗器主机、适配器（充电器）和卷线三个部分构成，通过分析发现大部分误报故障都是卷线惹的祸。卷线每天使用最频繁，每拿起一次，卷线就要拉伸、卷缩一次，疲劳使用后容易出现故障。一根卷线的内部通常由120根细线组成，如果断裂的细线数量超过30%，就会引起线路故障。为此，项目组联合供应商，通过增加细线数量、加厚卷线外壳、在受力较大处加装尾卡等方式，更好地保护卷线。另外同步优化防盗器报警声音，让声音更柔和舒缓，不要那么尖锐刺耳。

紧接着，项目组又开启新一轮的头脑风暴，让手机支架隐形："要让消费者注意不到，最好用透明的材质。""对，要让它看起来更有质感。"……在试验了很多不同的材质之后，通过综合对比，最终选用亚克力材质塑造透明的效果，而非亚克力部分使用门店门头的白色，使它完全融入环境。

另外，考虑到消费者使用的手机外壳以玻璃材质为主，很容易从手机支架上滑落下来，项目组还把卧式支架改成了立式支架。这样又带来一个问题，立式支架的角度设为多少消费者体验起来才最方便？这时在前期调研中获取的数据就帮了大忙：消费者通常会站在距离体验台10~20厘米的位置，综合中国消费者的平均身高，75°的角度是最合适的，不仅可以让手机"站"起来，让消费者操作更简单，还展示了手机背部的外观设计，一举两得。另外，为了让消费者第一眼就看到手机的价格和性能参数，项目组又集思广益，把电子价签设计在手机支架上。

项目组就是通过站在消费者的角度，找出不足，再结合洞察结果及设计经验，创新出新型陈列手机支架，让消费者的体验更舒适、更畅通无阻。

其次，消费者良好的购物体验离不开吸引人的促销活动。

当消费者在舒适的门店中体验着产品，然后再开心地置身于品牌方开展的活动中，参与互动，应该是一种非常愉快的体验之旅。促销活动涉及以下几方面的内容：

• 促销活动 PDCA 实施法则：Plan-Do-Check-Action，每一次促销活动均为一个完美的闭环。

• 促销活动场景：节假日促销（抓住节假日销售契机，产品组合捆绑销售，聚集人气提高购买成交率）、新品首销（聚焦推广—体验—成交的步骤，全面聚焦新品、首销做足文章、陈列体验最重要）、花粉会员活动（提高门店品牌形象，提升消费者的满意度；通过沙龙品鉴课堂等形式，引导会员深度体验产品直接促进成交）、门店开业（聚集人气、打开门店知名度；可迅速聚集客流、通过丰富活动及礼包、神秘揭幕等方式给消费者惊喜体验）、新式营销（对时事反应迅速、契合人们的情感体验；可通过事件营销、异业联盟等方式）。

• 促销结果分析：完成不是结束，而是重新开始，通过多维度分析，找出可改善点，提升能力。评价项目包括执行效果（销售量达成率、客流量环比增长率）、执行过程（促销员传达能力、活动礼品发放真实有效性）、创新性（创新性评估）等。

关于促销活动的详细内容在本章第 3 节中描述。

再次，消费者良好的购物体验是以优质的顾客服务为基础的。

提高消费者满意度需要基于对顾客需求的了解和对顾客感受的关注，目标是华为的服务可以匹配消费者的心理期待；

优质的顾客服务体现在各个环节：从吸引新老客流进店到一系列体验购机流程，再到购机后的回访、客户维护。

• 吸引顾客进店：通过线下 PR 宣传以及线上公众沟通进行集客。

• 进店后服务标准：迎宾仪容仪表符合大众规范，通过微笑服务让消费者宾至如归；提供体验式服务，通过标准化的销售五步骤完成产品推介。

• 购机服务和送宾：快速收银、满意试机、耐心售后、微笑送宾。

• 顾客会员管理：通过完备的信息采集管理、顾客回访管理提升客户对华为的品牌忠诚度；再通过各种活动（如新品品鉴会）、促销赠品、生活关怀等方式加深加强与会员的互动，潜移默化地和顾客建立情感连接，使消费者在二次购买决策和门店推荐时，得到消费者情感角度的认同和引荐，做好口碑传播。

零售无大事、零售也无小事，Retail is Detail。在零售门店中，良好的服务可以起到塑造华为的品牌，获得消费者青睐的作用。

有一件事让华为万象天地店的一名体验顾问深有感触。一天，旗舰店进来了一位顾客，她的手机屏幕摔碎了，黑屏，无法显示。"我手机摔了，要把资料导出来，里面的信息都非常重要。"接待她的一位才入职不久的店员基于经验回答："您的手机屏幕不能显示，没办法导资料，您需要更换屏幕才能操作。"（华为手机可以利用手机助手将资料导入电脑，或者是使用手机克隆软件将手机资料轻松导入另一部手机，十分方便。但是为了手机信息安全考虑，需要进行验证码等操作，因此需要在屏幕完好的情况下操作。如果顾客使用华为云空间对手机数据进行备份的话，重要资料使用华为账号，在屏幕损坏的情况下也可以从云端导出）。顾客立即火大起来，"我问了好几家街边的维修店都是让我换屏幕，我不想换屏幕。你们是旗舰店，这个问题还不能解决吗？"看到顾客情绪比较激动，体验顾问立即上前安抚。由于这名体验顾问平时喜欢研究玩机技巧，尤其是钻研一些疑难杂症问题的解决，很快想到借用门店鼠标和拓展坞，用有线连接智慧屏的方式，帮助顾客最终解决了资料迁移的问题。

问题搞定后，顾客也感到不好意思，在对刚才情绪激动表示歉意后，也表达对旗舰店伙伴专业度的认可及耐心服务的感谢："不愧是旗舰店，就是有办法，技术高超，服务态度好！"

优质的成交体验

"优质的成交体验"必须建立在完善的门店运营管理之上，因此，门店运营管理是企业的内功，一定要练扎实。门店运营管理需要聚焦四个方面：门店信息化管理、门店日常运营管理、门店人员管理、门店销售管理。

首先，门店信息化管理是消费者获得优质成交体验的基础。信息化管理分为门店基本信息管理、基本数据管理、顾客信息管理等。

•门店基本信息管理：基本信息（了解门店基本情况与真实性）、资产信息（了解门店基础配置及费用投入）、资源调配

（测算门店投入与产出的比例关系，衡量投入的合理性）。

•门店基本数据管理：基础数据采集（掌握最真实销售情况）、销售日报建立（了解与目标的差距，及时调整销售政策，达成目标）、销售数据分析（发现隐形销售问题，找出解决方案并改善）。

•门店顾客信息管理：顾客信息采集、回访可以建立良好的顾客联系，了解销售服务情况、产品使用情况及对产品的建议，对消费者购买行为进行分析，引导顾客二次购买。

其次，正常的门店日常运营管理为优质成交体验提供了保障。设想一家门店营业不正常、环境脏乱差，又怎么能营造一种轻松享受的购物氛围？门店日常运营管理涉及门店日常场景管理以及门店绩效提升管理两个方面。

•门店日常场景管理

新店开业筹备：这是门店日常运营管理的重要一环，开业做得好，门店后续运营基本不会差。按照"施工验收、产品规划、货源准备、硬终端准备、陈列准备、人员准备、促销准备、行政物资准备、试营业"的流程逐一做到位。开业中会有陈列物料到位不及时、新店开业混乱、商品安全管理隐患等常见问题，需要特别重视。

门店管理的一天：营业前准备（人员到岗、店面清洁、库存盘查、早会宣导）、营业中各司其职（接待顾客、市场调查、开展促销、交接班会、处理售后）、营业后整理总结（财务核查、库存盘查、晚会总结、安全检查）。

重点产品上市：以店为执行落地单元，在店内要做到

"信息通告、组织保障、产品培训、终端陈列、促销活动、客户对接、激励考核、终端目标、系统跟进"等，切实做好重点产品上市工作。

闭店管理：由于经营或房屋租约终止或搬迁等情况而发生的华为终端销售点停止运营的情况，需要严格按流程执行，以避免公司资产、品牌声誉的损失。

• 门店绩效提升管理

日常会议：为了使门店运营平滑流畅，日常会议必不可少。会议要达到"日常管理工作跟进、任务政策传达、终端信息收集、促销员培训"的目的。零售门店采用早/晚会方式，区域零售组织采用周例会形式，国家级别的采用月度例会形式。

巡店管理：巡店是门店绩效提升的一种管理手段，通过不断巡店，可以有效地发现门店中存在的问题，从而进行整改提升；另外不定期不定时的巡店，也会促使门店自觉地遵守门店管理规范及制度，使门店长期保持优良状态，为消费者提供好的体验环境及服务。巡店流程为：回顾—问候—检核—沟通—支持—告别等六个步骤，整个流程一般为30分钟左右。

再次，全面的门店人员管理是优质成交体验的着力点。门店人员管理解决的是门店人员配置、销售人员工作流程及销售人员工作标准的问题。产品是通过门店人员一部一部零售出去的，因此促销人员的管理程度直接关系到门店业绩的好坏。

促销员对于零售门店的销售活动起着至关重要的作用。一个合格的促销员必须具备良好的思想道德品质，接待顾客时要认真有耐心，不能对顾客不耐烦，对待所有的顾客要一视同仁；此外促销员还要有强烈的事业心和高度的责任感，要有完成销售目标的决心；一个优秀的促销员除了具备良好的身体素质外，还必须具备一定的知识能力及良好的沟通能力；另外还能够很好地把握消费者的心理，知道消费者之所想，了解消费者之所需。良好的沟通能力是整个销售过程能够进行下去的必要保证。促销员不一定要有良好的口才，但是必须有良好的沟通能力。基于促销员的重要性，对促销人员的管理要达到让促销员"想卖、愿卖、积极卖；能卖、会卖、善于卖"。

下面这个"良好服务深挖需求带动销售"的例子就很好地说明促销人员的重要性。

这个故事是发生在 2021 年春节前广州的一个华为体验店。当时一位老客户手机用得不太熟练，向华为促销员咨询手机 App 的功能和用法。我们的员工很好地接待了这位老客户。在推荐玩机技巧的时候，将手机与手表进行连接，告诉这位黄先生可以做心脏检测，可以看运动时的数据。这一体验下来，黄先生十分感兴趣，感觉这款手表很不错，满足他当下的需求。恰巧他负责采购公司年会的礼品，觉得这个华为手表作为年会礼品，实用又时尚。于是他立即下单购买了 20 只手表。这款手表的零售价格为 1288 元，20 只就是 25760 元销售额。

总结这个案例可以发现：（1）耐心解答疑问说明了促销员服务态度好（服务热情、保留老客户、员工意愿高）；（2）促销人员非常熟悉产品（说明培训做得好，员工是产品大使）；

（3）利用产品体验吸引客户的兴趣（有销售技巧）。

通过案例，进一步说明零售促销人员的重要性，是公司与消费者连接的最后一环，是交互界面。做好零售促销人员的管理工作，就是做好"营"与"销"。同时也说明服务就是生产力，是能够产生利润的。

最后，门店运营管理成果的直接体现就是一系列可量化指标的完成情况。通过加强门店的销售管理、关注数据指标，可及时发现问题，进而改善。指标为：门店计划达成率、人员计划达成率、促销员单人产能、促销员离职率、促销员效能、促销员收入分布合理性、可控门店容量占比、门店产品覆盖率、门店有效覆盖率、门店单店产能、有效/不振门店占比、库存周转天数、客流转化率、门店费用率、门店 ROI 等。

8.3 零售 GTM 及促销管理

零售 GTM 管理

零售 GTM 是 GTM 全流程中的重要一环，负责管理零售终端营销及区域的执行落地。零售 GTM 主要工作内容模块为：销售预测与目标制定分解、演示样机计划管理、哑机管理、POSM[①] 及陈列手册管理、Retail Demo APK、零售 GTM

---

① POSM（Point of Sales Materials）辅助销售物料。

培训管理，新品线下促销活动策划等。

一、销售预测与目标制定分解

1. 目标制定及依据：制定整体 Sell Out 计划。依据为产品的定位、产品的预期销量、同类产品全生命周期销售量参照。

2. 区域目标分解及依据：销售目标按国家、办事处、零售客户、门店进行分解。分解依据为区域国家所占份额、国家市场状况及产品预期、零售客户销量贡献、零售门店的分层分级。

3. 目标按时间分解及依据：销售目标按产品生命周期分解到"月"、重点促销节点销售目标制定；依据为以往区域国家销售量周期数据，区域资源投入计划等。

二、演示样机／哑机管理

以首销及发布会为时间节点进行回溯，按次序完成"培训样机备货、演示样机（哑机）需求收集、申请、生产准备、生产、发货"等流程，切实保证演示样机（哑机）在首销时间点前保量保质按时到达指定地点。

三、POSM 物料及陈列手册管理

依旧以首销为时间原点进行时间回溯，在相应的 GTM 流程中的时间点对应进行"常规 POSM、创新物料、陈列手册"的开发及准备。涉及"方案设计、打样品评审及确认、制作采购招标启动、大货生产、发货（清关）"等。

四、零售 GTM 培训管理

在首销上市前需要完成"培训教材设计及完成制作、国家区域材料本地化、首销相关零售人员培训、关键客户培训"

等工作。

五、新品促销活动策划

在新品上市前，零售 GTM 需要围绕门店及其所在商圈进行促销活动的策划，来提升新品销售的氛围和热度，提升零售成交率。一般有新品零售首销活动和后续的常规促销活动两大类型。新品首销在产品上市过程中是非常关键的一项工作，是新品在线下的首秀。首销是否热卖，是否蓄积足够的零售势能，是这款产品能否上市成功的一个关键。

零售促销管理

图 15　华为新年照相馆活动海报（引自科技与资讯附图）

图 15 所示是 2021 年年初华为在全球旗舰店举行 CNY CAMPAIGN——"新年照相馆"大型营销活动。活动的构思背景为：在经历了充满挑战的 2020 年，华为认识到只要在一起就有新的希望和可能。在这个契机下，华为旗舰店的"BETTER TOGETHER"新年照相馆活动应运而生。通过新年照相馆活动，华为鼓励消费者消除隔阂，聚集在门店，无论是自己，或是与亲人、朋友，还是爱人，都可以留下新年的第一张照片。同时，所有照相馆的出片均使用华为产品拍摄及后期调整。将华为全场景智慧科技与新年传统进行结合，为消费者提供了特别的新年拍照体验。

"在一起"也隐含着华为"1+8+N"全场景业务战略，将全场景战略、Hilink 生态产品以及消费者团聚需求巧妙地融合在一起；同时通过线上与线下的宣传互动，营造出节日喜庆的氛围。新年照相馆活动期间，吸引了 17517 位消费者预约参与，实际到店参与人数为 20415 人，其中深圳万象天地华为全球旗舰店的客流量增长 41%，全国 6 店新增会员总人数为 26934 人。从活动曝光量到参与活动消费者转化率约为 0.1%，销售额环比增长 24.9%。

华为的每个促销活动都是经过精心策划的，不仅仅是为了促进销售，还有基于品牌传播的考量。华为零售促销一般基于三个纬度展开：产品纬度、KA 纬度、时节纬度。（如图 16 所示）

•产品纬度：以产品运作和生命周期作为关联点

新品上市（针对消费者）：建立新产品认知度、促进产品试用、促成品牌新客户尝试品牌购买、维系品牌老客户。

产品订货会（针对渠道）：获得渠道支持，建立渠道对产品和品牌的信心、抢占渠道资源，包括库存及陈列位置。

尾货清货（针对消费者和渠道）：扩大宣传覆盖面，推广产品体验；推动渠道商配合，降低利润率以清理库存。

•KA 纬度：重点在于用资源与渠道商进行资源交换

新店开业：跟随渠道商进入新的地区、利用新店开业时的高人流量，推广品牌。

店面周年庆：品牌搭车渠道商年度活动获得更多曝光、配合渠道商为顾客提供与其他渠道不同的优惠，帮助渠道商获得人流和最终销售。

连锁店联合促销活动：结合品牌和连锁店优势，获得双赢。

•时节纬度：以重点时间点为主要关联点

圣诞新年季、国庆类：全面提升品牌线下整体产品销售。

主题类（如情人节、母亲节、父亲节、儿童节、老人节、劳动节等）：针对各个节日的特点，特别是礼品赠送对象的不同，选择合适的产品卖点进行推广。

图 16 华为促销活动的不同策划形式

配合旗舰产品的上市发布，华为在线下也同时推进相应促销活动，集中火力打爆市场。如华为 P9 在缅甸发布后，在仰光 Junction Square 和曼德勒 Sky Walk Plaza 同时开展首销。由于产品宣传到位、促销活动吸引消费者，虽然下着雨，但粉丝通宵排队 10 个小时，就为了购买心仪的 P9。活动不到 1 小时，所有华为 P9 全部售罄，前 5 位购买华为 P9 的消费者被主持人请上舞台。他们有从外省半夜赶过来排队的新潮小伙，也有一直关注华为 P9 决定入手的忠实用户。赠送的碎屏险、快速换机 VIP 服务及免费镭雕让消费者感到极大的满足。

8.4 零售促销人员管理

某管理专家曾经给企业家们出了一道题：

"根据你们的管理经验，你们认为金钱在激励方面是（ ）重要？（请仅根据您的经验回答）

非常重要（ ）相当重要（ ）重要（ ）不太重要（ ）不重要（ ）您的理由是什么？"

答案：奖励金钱是一项（非常重要）的激励措施。

法国著名作家、《小王子》的作者安东尼·埃克苏佩里有一句名言："如果你想建造一艘船，先不要把人们召集起来采集木材、分配工作和发号施令，而是要引导他们向往浩瀚无边的大海。"

"向往浩瀚无边的大海"，就是使命愿景的力量。

零售促销人员管理在整个零售管理体系中是非常重要的一环，因为公司的产品就是一部部、一件件通过促销人员的推荐、引导、吸引消费者，最终完成与消费者的交易的。试想一下，如果有 10000 名促销员，每人每月多销售一部手机，按 1000 元的平均单价计算，就能带来 1000 万元销售额的增量。

员工能否干成一件事情，取决于两个因素：能力和意愿。如何把意愿激发出来，想做、愿做，即使能力不够，他也能想学、愿学，提升自己的能力。其中的关键点就是让员工把公司的事变为自己的事，自觉自愿并享受这一个过程。

华为对促销人员一贯给予充分的尊重及信任，激励政策公开、公正、公平，并且即时有效，从而起到稳定团队，增强企业凝聚力，提高人员工作绩效的目的。

•薪酬奖金：含薪酬、提成、多元化激励等手段，如：金牌促销员等；

•发展机会：晋升、培训机会、内部宣传、销售标杆；

•团队氛围：尊重、信任、合作、关爱，如拓展活动、主管送温暖、全员站店等。

中国区团队激励案例：

实时业绩激励、关怀激励、榜样激励结合，保持零售团队大声表扬与充分关怀的作风。

•晋升候选人选拔：在零售队伍中筛选敢于冲锋、善于冲锋的优秀人才晋升为华为编制，激发员工的销售能力和工作热情。

•节假日慰问：针对端午、中秋、春节等传统节日和五一、十一销售黄金周,中国区陆续开展对零售一线人员的现场关怀与慰问。

•忠诚员工奖励:每年定期例行开展忠诚员工专项奖励工作;入职华为★年及以上员工可享受忠诚员工激励奖金。

•"巅峰之旅":年度例行启动零售人员"巅峰之旅"活动,选拔优秀零售人员,回深圳总部参观、培训和团队活动,提升认同感与归属感。

•年度激励:年度例行启动综合评议,并根据评议结果进行年度奖金分配,提升外包人员敬业度及工作热情。

•多元化激励包:树立榜样,对有突出贡献、有奋斗精神的零售人员给予即时奖励;一线设置多元化激励包,激励权充分授权一线。

8.5 零售培训管理

零售培训部门是零售能力的建设中心,也是案例经验的萃取及传承中心。零售培训管理的目标一方面是打造华为第一推荐力(培养专业的、充满活力的、快速反应的促销团队);另一方面是打造一流的培训管理能力(在每一个销售点上提升华为的服务能力、成交能力、品牌推荐力,从而建立完善的终端培训能力)。

根据培训对象与培训需求,华为零售培训管理部建立了三大培训项目模块,包含促销员培训、零售客户培训、零售管理者培训。

•促销员培训：入职培训、在线培训、例会培训、新品培训、店面实操培训、金牌促销员培养项目、服务及礼仪培训、现场礼仪、体验式销售、销售技巧、售后服务培训等。

•零售客户培训：店长（品牌店运营）培训、店员（品牌店店员入职、产品、技巧等）培训、核心零售客户（零售知识）培训。

•内部零售管理者培训：针对国家零售经理培训、培训经理 TTT[①] 项目、Field Master 项目、城市经理/督导入职培训等。

为了便于快速普及零售知识，提升遍布于全球各国的地区部、代表处零售组织的零售能力，零售培训部下属的零售学院收集整理开发出一批优质课程，包括中英文等多版本多语言课件。课件一共有 189 个，分为企业文化、角色认知、技能提升、产品知识等，全球共享。

除了课件，零售学院还推出零售经理系列视频培训课，共 11 个视频，供全球团队观看学习，此课程旨在让所有学员全维度了解零售组织的定位、业务开展及机关战略，较之书面教材更加直观、友好、易学。零售学院同时还开发印制了纸质《零售业务指导书》，通过出差人员携带或邮寄等方式供一线人员学习使用。《零售业务指导书》将"零售如何做"用最简单明了的方式一步步地呈现给学员，例如"零售十招"，简单易用，只要照着做就可以。

---

① TTT（Training the Trainer to Train），职业培训师培训。

- 第一招，出货口排查；
- 第二招，零售覆盖；
- 第三招，阵地建设与运营管理方法；
- 第四招，产品上柜与主推；
- 第五招，陈列与体验；
- 第六招，零售队伍管理方法；
- 第七招，KA 客户管理；
- 第八招，零售数据管理；
- 第九招，客户资源获取（联合营销）；
- 第十招，终端促销活动管理。

零售学院开发的这些视频和书籍在华为向公开市场转型的初期为零售知识的普及以及一线零售运作能力的快速搭建做出了贡献。

零售培训案例：终端零售 & 渠道专班

由于华为初入"2C"领域，在巨大的市场机遇背面，是"2C"转型的严峻挑战。为了尽快补齐一线业务的能力短板，零售培训部门与 HRBP[①] 联合开展系列有针对性的培训。2014 年 12 月 29 日—12 月 30 日，华为零售学院第一期全球零售经理培训开营，62 位来自世界各国及新入职的海外零售经理齐聚华为大学培训中心，参加华为零售学院首期全球零售经理培训课程。零售培训部与华大培训讲师借鉴华为中

① HRBP（Human Resource Business Partner）人力资源业务合作伙伴。

国区的零售优秀实践案例，开发出系统零售培训课件，旨在让所有学员全维度了解海外零售经理的角色定位，业务开展方式及机关战略。课程设置全面，含零售战略、海外零售经理角色认知、资源管理、客户管理、促销团队管理、门店管理、PSI、促销活动、零售运营管理等。此次培训为海外零售的崛起打下坚实的基础。

随后，零售培训部门与华大又共同组织了终端零售&渠道专班，分批次对重点国家的零售经理和渠道经理以及其他部门进入资源池的人员进行培训，通过训战结合方式，培育"2C"金种子，在全球范围内快速投放和使用，目的是实现人才、能力、经验的共享循环，四面八方产粮。

零售专题：围绕零售关键环节，分模块打开零售战略、零售阵地管理、零售营销、促销人力管理、零售培训和零售运营，纵深解读，夯实零售能力。从零售战略框架及零售组织建设开始，了解零售战略框架及核心能力，到门店规划与建设、新产品上市流程、促销资源管理，再到零售促销团队管理与培训、iRetail 系统介绍和 TIM[①] 营销费用及流程管理，并贯穿学员自带优秀案例的分享，通过充分学习、研讨和发酵，帮助学员们了解零售内在的根本逻辑和操盘方法，实现从方法论到实操的升华！

渠道专题：重点围绕渠道关键环节，分模块打开规划与拓展渠道、管理渠道伙伴、销售运营管理，纵深解读，夯实

---

① TIM（Total investment to market）整体市场营销费用投入。

渠道运营能力！从承接 Retail Mapping 的渠道模式设计开始，了解各类渠道模式的特点和适用场景，到渠道伙伴的选择和零售大客户的管理，再到 TIM、分货管理、审货管理，并贯穿中国区渠道案例端到端的全盘分享和队员自带优秀案例分享，帮助学员们了解渠道内在的根本逻辑和操盘方法。

培训的讲师和引导员基本上是业界的高端专家及部门管理者，拥有多年的从业经验，以及对"2C"业务的敏锐洞察，保证了培训的效果。

除了理论知识学习外，培训部门精心选取了样板国家，最大程度模拟实战，让队员们进行场景演练。例如为了研讨公开市场的"打法"，把泰国作为场景，通过泰国市场背景的介绍和现有案例的分享，让学员分组研讨业务、产品策略、渠道与零售设计等。

"这是一次系统性的方法论学习，让我坚定了转型的信心，就像打仗有了红宝书的理论指导和经验总结。"某学员培训后有感而发。场景化、案例化的快训模式，激发了队员们的头脑风暴，推动了场景化业务打法的提炼总结，形成"标准化"打法。

2015 年全年零售培训部共参与训战 218 人，有效支撑一线 90 个作战项目，覆盖全球 15 个地区部、17 个重点国家。

为了做好培训，快速提升华为全球各国家的零售能力，除了请进来（例如上面提到的零售 & 渠道专题培训，请各国家的零售及渠道经理来到总部接受培训），还要走出去。零售管理部组建团队，送培训到各地区部，通过举办零售 workshop 的方式，将培训送到一线。

全球零售 workshop 第三站空降于马来西亚吉隆坡，给南太地区部送去零售培训。通过零售及渠道专家分享提升 Sell Out 的方法和诀窍、各国家代表处的团队进行研讨、专家团辅导和解答问题的方式，进行赋能培训，取得非常好的效果。

全球零售 workshop 第四站是在迪拜，覆盖了中东、非洲和中亚地区部。从三天的议题可以看出零售培训准备的充分性和赋能的必要性：

第一天：提升 Sell Out 的方法；埃及及巴基斯坦优秀案例分享；中国区 PSI 及渠道管理分享；TIM 渠道中东进展及机关答疑；重要渠道问题的讨论；

第二天：零售组织与战略；门店管理（阵地建设 +SI+陈列管理）；SI3.0 WORKSHOP；零售外包人力和培训管理；iRetail 建设管理；

第三天：新品上市 GTM 终端管理；样机 / 促销资源管理 / 供应商管理；2C 项目研讨。

经过培训全球各国家零售能力均取得不同程度的提升。

一位受训学员培训后阶段性总结中写道："今年我们主要的工作是夯实"2C"能力，以 KA（核心零售商）+FD（渠道模式一种）的模式快速落地 TCO[①] 及 TIM。建规则，快速提升零售能力及 MKT 和渠道能力，补齐短板提升渠道客户的信心。从7 月（2015 年）初主力产品上市以来零售几百台／周上升到目前（2015 年 11 月）的 13000 台／周，零售商信心大幅提升。接下来我们有信心通过圣诞季促销再创辉煌，为 2016 年零售过百万部打好基础，零售份额目标超过 5%。"

2014 年华为全年智能手机出货量 7500 万部，2015 年为1.08 亿部，而到 2016 年就飙升至 1.39 亿部，每年超过 3000万部的增长，这里面零售培训的作用巨大。

8.6 零售大客户管理

零售大客户一般拥有若干零售店面，体量较大，与零售大客户合作可以使品牌方迅速进行品牌及产品覆盖，提高效率；同时，由于零售大客户拥有渠道资源，对品牌方要求也较多。加强对零售大客户的管理对品牌方提升销售量有重要意义。

华为向公开市场转型初期，为尽快开拓市场，本着"聚焦核心客户、核心商圈、核心卖场"的原则，积极开拓零售大

156

华
为
零
售

---

① TCO（Total channel offering）渠道整体解决方案。

客户，进行市场覆盖。在品牌影响力还待提升的情况下，零售客户的开拓还是极有挑战性的。

　　"当地大部分零售 KA 对于我们的到来没有太多期待，'华为啊，听说过，但是没有人用华为手机啊''先投个促销吧，不然卖不了''人家门头补贴给了 2 万元，你们给多少'……当时我们与零售 KA 沟通时听到的都是这样的话。"中国西部某省级零售经理这样介绍说。为了打开局面，华为零售经理带队对该省重点市县进行"清扫"，不仅是零售连锁店的客户，只要是挂着通信门头或者售卖通信产品的店面，都不放过，一次次到店里与老板、店长接洽、交流。从"华为不仅仅是世界 500 强，它还是……"，从宣传品牌、建设合作、建设阵地、产品优势等方面，从头开始介绍，讲到口干舌燥，讲到让客户愿意给华为一些机会，同时也向公司申请了区域阵地建设的战略投入，在区域核心位置覆盖华为的形象门店，进行破冰。通过该区域零售经理的努力，终于打动了该区域的零售核心客户，从一个门店做起，各个区域逐步攻破，许多 KA 老板被华为员工的工作热情和不放弃的精神所感动，再加之华为公司提供的优质全程服务、过硬的产品质量与全球性的品牌势能，越来越多的 KA 陆续与华为建立起合作关系。当该省级零售经理与第一家合作的 KA 老板聊天时问及当初为什么愿意选择华为时，该 KA 老板回答说："你的铁屁股都快把我办公室的板凳坐穿了，再不给你个机会我都不忍心了！"客户半开玩笑地说。华为人就是凭着这种开拓精神赢得了客户。

上面这个例子只是一个省级区域面临的问题，其实开拓零售大客户面临的是更多和更大的挑战。华为是一个全球化的大公司，零售大客户按地域、按业务类型、按渠道模式有不同的划分，需要有不同的开拓、接洽、合作的策略。

零售大客户按地域划分，分为省级、国家级、地区部级、跨地区部级的零售大客户。省份／城市内，即零售分店仅覆盖单个城市；国家内跨省／城市，即零售分店覆盖单个国家的多个城市；地区部内跨国家，即零售分店覆盖单个地区部内的多个国家；跨地区部，即零售分店覆盖多个地区部，多个国家，一般为全球性的零售大客户。

零售大客户按业务类型划分，分为 TCR、CES、MM。TCR，即仅销售手机及通信类产品的连锁零售商，如迪信通；CES，即销售各类消费电子产品（如手机、家电等）的连锁零售商，如苏宁；MM，即销售食品、日用快消品、电子消费品等的综合类大型商超，如家乐福、沃尔玛等。

零售大客户按渠道模式划分，分为非直供和直供，非直供又细分为通过 FSD 覆盖或通过 FD 覆盖的，不同渠道模式给予的政策和策略是不同的。非直供（通过 FSD 覆盖），即 FSD 负责 Sell Through 管理，厂商只负责 Sell Out。非直供（通过 FD 覆盖），即 Sell Through 和 Sell Out 都是厂商负责管理，FD 作为资金和物流平台。直供 DRP，即厂商负责所有 Sell In/Sell Through/Sell Out 的管理。

当对零售大客户有了足够的认识时，华为就可以匹配相应资源与之展开沟通交流，达成合作。

零售大客户 JBP[①] 和 TCO 方案

华为深谙"以客户为中心，实现双赢"的准则，大客户与品牌方合作的核心诉求无外乎"盈利、库存周转、品牌体验"。华为针对零售大客户设计了 JBP 和 TCO 方案，和客户成为紧密合作伙伴。

1. JBP（Joint Business Plan）

JBP 是与零售客户制订的中长期的商业计划。双方确认后的 JBP，后续将通过具体的返利政策予以牵引和保障，并最终落实到双方的合作协议中。涉及的内容有目标、产品供应及新产品上市计划、门店建设、数据交换、大型节假日促销、例行对接机制、高层对接等一揽子基于长期合作的计划。

2. TCO 返利政策制定与沟通

不同渠道模式下的 TCO 返利政策不同，涉及返利、PSI、品牌形象维护、物流/付款时效、零售基本责任等内容。

案例1：华为与某零售大客户签订 JBP 的前后对比

•合作：前（各地零散合作）；后（总部、代表处，多层次对接）

•零售店面：前（客户索要场地费，阻碍进场；无专区专柜）；后（不需要场地费；约定产品进入 ★★★ 家自营门店、★★★ 家代运营商门店、★★★ 个专区专柜）

---

① JBP（Joint Business Plan）经销商联合生意计划。

• 合作产品：前（零星产品提供）；后（多款产品组合提供、新品首销）

• 营销活动／费用：前（零星活动）；后（★★% 市场费用用于各类营销活动，总部层面不定期组织新品品鉴会，对接会）

• 促销员支持：前（基本无）；后（★★ 个促销员进驻）

• 零售份额：前（低于 1%）；后（20+% 份额，大客户系统内排名第一）

• 销售量：前（低于 1 万部／月）；后（平均 12 万部 +/ 月）

案例 2：与天音通信联合进行"高边疆项目"，共同建店 1000 家

2015 年 9 月 15 日，华为消费者 BG 与天音通信在深圳召开关于合作开发县级市场体验店战略项目启动大会暨签约仪式。

根据赛诺数据显示，智能手机在中国县级市场销售量增长迅速，占比已高达 46%，因此华为消费者 BG 与天音通信签署战略合作协议，共同探索和推进在县级零售市场为广大消费者提供优秀的产品和更好的服务。华为之所以选择天音通信进行战略合作，正是因为看中了天音通信的渠道多样化与超强的业务能力，在县级城市开设体验店，为消费者提供更优质的终端体验和服务。对于消费者而言，华为消费者 BG 与天音通信达成战略合作后，在县级城市体验店中购买华为终端变得更为便利。同时，消费者可享受到华为所提供的极致用户体验，以及完善、透明的售后服务。

8.7 零售支撑体系

零售资源管理

华为将零售资源定义为"应用及作用于零售终端，且对零售有促进作用的所有支撑要素的总称"，零售资源是终端的重要组成部分，是终端促销活动得以实施并达成销售目标的重要支撑。零售资源包含有形资源及无形资源，从狭义上讲零售资源是包含 SI 陈列道具、零售演示样机和促销品等有形促销物资，其中促销品包含 POSM（陈列物料）、促销礼品、哑机。有效管理零售资源使其保质保量按约定时间到达指定地点，是零售资源管理的目标。

华为一贯重视消费者体验，只要是涉及终端消费者体验度的影响因素都会做到极致。下面是关于零售演示样机和促销礼品的两个案例，可窥一斑。

当消费者走进华为门店，都会走到体验台拿起手机试用、体验。最初华为的样机就是真机出样[①]，里面除了一些软件外什么也没有，除了拍照其他的功能都不能体验。消费者基本上拿起手机快速地感受一下，就放下了，停留时间短，也不能激发出进一步体验的兴趣。往往促销人员还来不及沟

[①] 样机是真机，哑机是模型机，华为根据门店类型按不同比例设立。

通，消费者就离开了。

华为零售总部相关人员决心改变这种情况，成立项目组进行攻关。参照业界，有的品牌把产品的详细参数都集成到了一个软件中，让消费者可以在样机上看到所有产品信息，还能对比这些参数。受此启发，项目成员率先在 P10 上制作了一个互动 App，只要点击进入，消费者就可以跟着提示一步步体验大光圈拍照、前置指纹等功能，还可以看到各种详细参数。单有参数还不够，消费者希望看到的不单单是冷冰冰的数据，而是生动、有情感、有联接点的故事。因此，项目组又变身编剧，把消费者日常生活中可能遇到的场景，通过通信录、短信、备忘录、日程安排等各项功能还原出来，进行场景化的演示。

经过样机上的体验内容的丰富，消费者体验的时间变长了、体验满意度也提高了，对手机的强大功能性有了更深入的了解。该项目为最终的销售达成做出了贡献。

在零售资源管理上华为不仅仅是对样机认真对待，即使是促销礼品也是精益求精，力求做到最好。一般来说，品牌方对促销礼品的态度就是"有"与"无"，在保证一定的品质和性价比的情况下，很少再去考虑其他的方面。而华为不同，认为促销礼品也会影响消费者的满意度、对华为的评价以及对最终购买的决策，也一定要做好。零售就是要关注细节。为了开发出在 6 月份上市的适合新产品的促销礼品，项目组成员经过市场洞察及数次头脑风暴后，结合产品的目标人群，很快把目标聚焦到时尚运动水杯、遮阳伞上，打算围绕着手机与运动元素，把礼品做成年轻、活泼、朝气的风格。

年轻人主张个性，另外基于男女消费者对礼品的不同关注点，设计成两套个性化礼包。在男生礼包里放入时尚潮流运动水杯、不打结的数据线以及插画指环扣；在女生礼包里放入柠檬 MINI 遮阳伞、自拍杆、镜面指环扣，走小巧实用的路线。同时对礼品盒的颜色也做了区分，男生礼包用清新的天蓝色，女生礼包用可爱的淡粉色。经过精心设计和准备的促销礼品终于在该产品首销前全面铺向门店。从首销开始，微信群里不光被手机刷屏，还有许多礼品的美照，消费者纷纷给华为点赞。

通过一个个成功案例，华为越发重视与产品强相关、注重消费者体验的促销礼包设计。虽然只是一份小小的礼品，却值得华为用心做到最好。

零售供应商管理

零售业务中的供应商主要为：人力供应商、促销品供应商、SI 设计及打样供应商、硬终端大货供应商、陈列创新道具供应商、促销活动策划与执行供应商等。华为充分认识到供应商的选用育留对支撑零售业务的发展起到重要作用，因此与采购部一同制定周密详尽的方案，引入专业性的、能够与华为理念保持同步、共同发展的优质供应商。

华为非常重视与供应商的合作，建立起"互助共赢·利益共享·风险共担"的合作伙伴关系。

2014 年 8 月 7 日下午，华为消费者 BG 在深圳召开了年度供应商诚信廉洁大会。本次大会共有 133 家供应商的 CEO 及高层领导参加。会议的主题是"阳光采购、价值采购"，旨在建立诚信、廉洁的长期合作关系，打造公平、公正的健康产业链。

供应商诚信廉洁大会是华为例行开展的反腐倡廉，进行内控环境建设的重要会议。本次大会由消费者 BG 采购部组织，获得了内部审计部、采购稽查部及采购合同商务部的大力支持。会议中，华为 CBG 采购流程内控部介绍并宣讲了"阳光采购，价值采购"；华为采购稽查部和采购合同商务部分别系统地解读了《诚信廉洁协议》，以及华为对 BCG^① 问题宽严并济的管理方法。最后，由内部审计部副总裁王克祥和消费者 BG 采购委员会主任杨岳峰作会议总结，展望共同合作的美好前景，再次倡导用诚实劳动换取合理回报，互诚互信建立透明、公开的商务环境。与会合作伙伴一致赞同华为公司诚信廉洁的要求，表示将坚定支持和配合华为反腐倡廉行动。

——摘自《华为人报》第 283 期《消费者 BG 召开供应商诚信廉洁大会》。

---

① BCG，员工商业行为准则。

SMR 管理

SMR 是销售管理评审会议（Sale Management Review），是一种周期性进行的，销售团队根据市场变化和内部报告，分析、发现问题和机会点，形成相应的决策和行动计划，确保销售目标达成的例行审视机制。

SMR 可以及时识别异常、问题或机会点，对市场变化作出快速反应；可以在组织中建立基于事实和数据作决策的意识和习惯；可以实现跨部门协作；可以为高层决策提供帮助。

SMR 实施的方法为通过每周例会进行审视，包括国家、代表处、地区部等不同层面的会议。与会者要求为销售主管、销售运营、渠道、零售、产品、营销、供应链管理、财务、服务等业务模块。会议前的准备材料有：市场规模／份额、Sell In、Sell Through、Sell Out、库存、生产计划等。会议输出件为：差距与问题、机会、需求、下一步行动方案等。

终端产品如"海鲜"，要快速销售出去，要下快棋，不能发生方向性的问题，也绝对不能发生系统性风险。我们在国家层面推动操盘、营销、采购、服务和反腐内控等几个业务管理委员会的高效运转，定下每周一例行讨论和决策的规矩，对于紧急事项，当天即可决策，坚持"唯快不破"的原则。每周的业务会议由各业务主管在"君子如兰"会议室进行，同时各省主管也通过远程方式接入会议。知其然还要知其所以然。这些拉通机制，不仅做到层层执行和落地，更重要的是帮大家建立全局视野，打破部门墙，保证组织的灵活敏捷和高效协同。

　　有人不理解，比如认为营销由市场营销部门决策就可以了。我们是考虑到市场每天都在变化，产品上市、用户需求、计划和交付、合作伙伴的建议都是动态的，如果市场营销体系只按照既定的规划营销，而不是动态学习适应，就可能与销售和服务体系不合拍，于是成立了营销委员会。在操盘委员会上，我们做的每一个重大决策，都要认真征求各成员的意见，尽可能达成一致。这是一个相互 PK、沟通和妥协的过程，较好地防止出现个人误判和重大风险。产品没上市之前，甚至在生命周期没有结束前，谁也不敢说就一定能实现目标，关键是抓住方向、节奏和执行，在过程中预判问题，及时决策、合理取舍。这几年，我们操盘了很多主力机型，所有方案最初都是从那间会议室里产生的。

　　上文摘自华为消费者业务大中华区总裁朱平的讲述，就是 SMR 机制在日常工作中应用的实例，通过 SMR 拉通各部门聚焦 Sell Out，确保策略和举措的执行和落地。SMR 机制有效运行的基础保证是要有及时、准确的产品 PSI 数据（实时产品进销存数据）。

　　SMR 的关键任务是审视销售目标达成、检查库存是否合理、调整销售和要货预测、制订后续行动计划。

IT 系统及数据可视化

　　上文提到 SMR 会议对于零售管理及零售销售提升的重要

性，而 SMR 会议的基础保证在于有及时、准确的产品 PSI 数据。PSI 数据的缺失就相当于产品从公司仓库发到第一层客户手中之后，再到消费者手中这个过程处于暗箱中，我们看不到。在 Sell Through（销售流通）链条中有多少库存，Sell Out（卖光，指零售出去的数量）的数据是多少；库存是因为什么原因产生的，需要做激励还是要降价？以当时 P8 销售为例，某些国家 P8 的激活数据（可视为 Sell Out 零售量）出现波浪震荡曲线，并且有下滑的趋势，但由于 PSI 整体数据缺失，无法分析清楚其中的原因，不知道该做 Sell Through 的激励还是降价，干望着曲线着急。因此，如何及时获取并分析这些关键数据是做好零售管理的保障，解决方案就是建立零售 IT 系统及数据的可视化。

华为零售 IT 系统被命名为 iRetail 系统，是借助智能手机，通过零售团队采集门店销量、库存、促销活动、人员考勤、竞品信息、POSM 物料等业务信息，满足一线零售团队对人、店、货、物、礼、促的信息化管理要求，实现零售的可视化。

为什么要建立零售 IT 系统？

•店管理的需要：叫什么名字、在哪里、属于哪个客户、卖什么产品、一个月卖多少、华为有货吗、华为卖多少、占比多少、货源充足吗、竞品卖得怎么样、竞争对手市场动态、……覆盖全球的零售点和体验店、目标覆盖点、高价值门店，需要有 IT 系统进行管理。

•人管理的需要：都是谁、做什么、都在哪儿、按时上下班了吗、按照要求开展工作了吗、有目标吗、达成是多少、人员配置合理吗……全球数以万计的零售人员分布在上百、上千个城市，数万家门店，需要有系统进行管理。

•资源管理的需要：柜台、促销礼品、吊旗、样机等，这些资源都投放在哪里、投到了合适的店内吗、是否得到良好维护、有无正确使用、有无损坏、礼品给消费者了吗、数量是否够……价值不菲的零售资源投入数以万计的店面，需要有系统进行管理。

零售 IT 管理系统意义与价值：

对一线零售管理部门：

•促销人力管理：使用统一公开有效的绩效考核标准管理促销人力。

•门店管理：销售表现好的店在哪里，是否匹配了相应的资源，及时性如何，华为形象如何，店面布局是否合理。

•销售趋势与问题管理：时时掌握目标达成情况以及销售趋势，监控店面保持合理库存，发现问题点可以及时采取相应措施。

•市场信息收集：时时关注市场上的热点，是否要采取针对性的促销活动。

•促销活动落地和支援：活动开展得怎么样，有没有把钱花在刀刃上。

•人店匹配等衡量标准管理：最好的店是否配备了最好的人，单店／单人产能是否合理。

对一线地区部／代表处：

•为销售计划制订、产品运营、产品线排产计划等提供第一手的销售信息。

从最初单一的客流统计功能，到最终形成完整的智慧门店解决方案。通过"人—货—场"三个维度重构零售业，将物理世界的事件数字化、结构化，打造数字孪生门店，为零售管理层的决策提供有力依据，解决传统零售面临的坪效低、黏性低、转化率低等运营管理问题。

数字化及可视化可促进销售提升：

采用技术手段，基于客流统计的智慧化门店算法解决方案可以对各个楼层的客流进行不同维度的数据统计及大数据分析，为运营决策提供数据支撑。

•通过数据后台的各项统计结果，华为可以分析出门店存在的隐性问题或分析出优化关键点，并进行调整，提升消费者的购物体验，从而提高销售转化率。

•通过大数据分析，提供各趋势报表等数据分析，并形成每个细分区域的客流热力图，通过热力图区分门店热销产品，用以优化产品体验桌的摆放及展示的产品型号，帮助华为打造线下爆品。

8.8 案例：我在西非卖手机

下面的这篇文章是摘自 2014 年 4 月的《华为人报》，描述了 2012 年 "2C" 变革初始的终端公司状况及作者在海外国家作为零售经理努力奋斗的故事，很有代表性，作者为前西非地区部的张海洋。

> "单纯从品相上讲，藏红花的艳丽也绝对不输玫瑰、郁金香。而高寒、缺氧、贫瘠的土地，一如我所遇到的一切困顿，它们终将成为我美丽人生的最与众不同的注脚。"

——张海洋

2012 年 6 月，我加入华为终端。头脑中那些多年来沉浸在这个 B2C 行业中的经验，宛如发动机里的燃油，高举着我的热情，带着我来到广袤的西部非洲，担任终端市场部的负责人。

从飞机落地的第一天起，我和兄弟们在一周时间里走访了当地的各类终端产品，特别是手机的销售渠道及卖场。看到完全超乎想象的手机销售集散地、当地民众对华为品牌的陌生，加上团队内部对 B2C 业务的不理解，我明白，以前那些所谓的"制胜兵法"，在这里将毫无用处。

然而，我心里那一点小小的尊严告诉我，不仅要坚定地站在这里，还要走下去，直到这个市场上有我们华为终端的声音。

首战拉各斯——华为来了

2011—2012 年，华为曾推出一款为 Etisalat 尼日利亚子网度身定制的入门级智能机 GAGA，让运营商赚了个盆满钵满。遗憾的是，华为没有在这个颇有影响的产品上树立自己的品牌形象。从 GAGA 的机身到包装再到后来的广告，都没

华为零售

有华为 logo。只有在拆下后盖，取下电池后，才能看到里面的一行小字：华为制造。

我到任时，一个与全非洲最大的 C 网 ① 运营商合作的智能机项目正在启动。经过艰苦谈判，华为在尼日利亚的首款自有品牌智能机成功进入运营商门店。全体团队欣喜之余，制订出一整套的营销方案，要做一场大规模的上市发布会，造出"华为来了"的声势。根据以往的经验，我一直认为这种主要由第三方供应商操刀的工作，虽然声势浩大，却是最简单的。然而，正是这个看似简单的项目却差点给了我一个结结实实的下马威。

团队内部，只有一个本地市场经理曾在友商做过终端市场。大家听说我的计划时，都表示很疑惑。和我交接的前市场部经理在临走时，语重心长地对我说："海洋，这事有点不靠谱，你一定一定要自己盯着。"果不其然，当我们向代表处汇报时，就有人问："做一场发布会能带来多少销量？"

在今天看来，这已经是个傻问题。但在一年半以前，B2C 市场占有率和知名度这些需要长期累积且不可准确量化的工作，在一个从未做过消费类产品市场营销的团队内部，成为沟通的巨大障碍。

经历了难以描述的困难之后，我们获得了一个试错的机会。虽然我们从一开始就并不认为这是个错误，又开始通过客户线撬动运营商的市场资源。经过近两个月的准备，以新

---

① C 网是指 CDMA 网络。

品发布会牵头、门店升级为阵地、促销团队为主力的市场营销计划开始落地。

终于，当我疲惫地站在 Civic Centre 门口迎接媒体及合作伙伴的到来之际，客户的 CMO 终于展露出那难得一见的笑容，握着我的手说："Yolanda, I am proud of you and I do mean it！"

随着拉各斯各媒体铺天盖地地报道，我和几位上了电视和报纸的同事甚至会在街上被路人认出来。然而，谁都没想到，销售的阴影正快速袭来。

由于终端市场部介入晚，对产品的零售价、合约、目标消费群等都没有机会给出合理的建议，而销售团队针对消费者层面的零售几乎没有任何经验，华为和客户都错失了产品上市的最佳销售机会。整整一年后，价格腰斩，我们才彻底清掉了这款西非首款自有品牌智能机的全部库存……

易地雅温得——整合资源

吸取了在拉各斯的经验教训，当我们为喀麦隆国有运营商 Camtel 做辅助运营项目时，我带上了地区部所有和终端市场相关的同事一起来到雅温得。

Camtel 现金流紧张，与华为共同做市场时力不从心。我们设计了一套方案，让 Camtel 的合作伙伴如国家电视台、电台、报纸等用自己的广告时段和版面折价偿还 Camtel，再由 Camtel 转手给我们，用于华为主导的 FAKO 产品的品牌推广。同样面临现金流问题的当地国有企业得到这样一个"以服务抵债务"的机会，无不欣欣鼓舞，一个现金流死结就这么解开了，华为、Camtel 和各媒体皆大欢喜。

就这样，我们从产品价格资费设计开始，分析市场现存竞品的资费，参考类似运营商的定价策略，制订了有特色的产品套餐，再冠以全新的销售品名，为这款已上市的老产品赋予了全新的生命力。

当时，华为终端一个以 GO ASCEND 为主题的新年品牌营销活动正在全球展开。借此东风，我们在喀麦隆举办了"跃动全城 GO ASCEND"为主题的万人长跑，颁奖礼设在喀麦隆第二高山的山顶酒店。

这是一个酷爱长跑的国家。活动当天，雅温得万人空巷，近万名长跑爱好者身着华为 T 恤，齐聚 Camtel 营业厅门口，随着一声枪响便飞奔在雅温得重要的商业街区。仅仅几个小时，华为品牌形象便在普通民众中大幅提升。

再战拉各斯——零售为王

以前，华为的设备和服务都是作为生产资料出售给运营商客户。试想，让一个每单业务金额成百上千万，甚至上亿美元的系统部主任或客户经理去关注那一台一台通过门店零售出去的手机，是多么让人匪夷所思的事。经过诸多挣扎、争吵、妥协，软言细语、威逼利诱，我们最终决定，从幕后走到台前，赤膊上阵、白手起家——一切靠自己！

招人、全城地毯式搜索门店、带着小礼品去见店长、自己贴海报、自己照猫画虎地做促销……在一年里，我做了太多太多原来不曾做过的事，也眼见着我们的促销员从 8 人增长到近 100 人、控制的门店从 10 家增长到 100 家、每天卖出去的手机从三五台增加到近百台……

终于有一天，有客户经理找到我说："为什么你给别的运营商做了零售、门店促销，上了促销员，而我们没有？"终于有一天，有系统部主任打电话来："我们客户的店员也要产品培训。"……终于有一天，全球最权威的第三方公司表示，在以尼日利亚为代表的西非地区，华为手机品牌的知名度从 2012 年的 27% 增长到 2013 年的 63% ！

经历了几次或成功或失败的市场活动和旷日持久的零售门店阵地战，我那焦躁而急切的心在这个纷乱的市场里慢慢沉静下来。我们渐渐明白，无论是品牌还是零售都很难一鸣惊人，但在这个充满机会的大陆上，我们有无数试错改错的机会。

只要坚持，这里终将有一片属于我们自己和华为终端的广阔天地。

就这样，当年的华为零售人扎根基层、以身作则，通过亲力亲为，执行零售关键业务动作落地，建立零售阵地、夯实零售运营管理，不断提升零售能力和水平，最终扭转和提升了公司人员的零售意识，使华为零售能力迅速成长起来，有力地支撑了华为终端公司的战略目标落地。

第9章 零售组织及人才管理

9.1 零售组织

第6章讲述了华为基于 BLM 业务领先模型进行战略规划，再通过战略解码形成关键业务举措，从而最终以 KPI 形式落实到组织以及个人的案例。这就是在华为公司经常提到的："战略决定业务、业务决定流程、流程决定组织、组织决定成败"。

基于关键零售业务举措以及业务角色设计，零售组织职能分为：零售销售职能及零售管理职能，分别承担 Sell Through 及 Sell Out 工作。

零售销售管理部负责零售大客户（KA）销售管理及电商销售管理，零售管理部负责零售阵地管理、零售 GTM、促销人力管理、零售培训管理等。

公开渠道的组织结构中涉及零售端业务的角色为：零售销售经理、城市经理、督导、促销员，促销人力经理，门店管理经理、零售促销经理、零售培训经理。

• 零售销售经理负责零售大客户 KA 的 Sell In 和 Sell Through。

•城市经理作为区域销售（Sell Through/Sell Out）的管理者，负责渠道零售的拓展以及零售 KA 的管理，直接向公开渠道销售主管汇报。在战略大国尽量使用正式编制，条件不满足的可使用外包编制。

•督导的职责：在零售店集中的核心城市，督导可以只做 Sell Out，管理店面和促销员；在零售较为分散的核心城市，督导不仅要做 Sell Out，还要协助城市经理进行 Sell Through 的管理以及零售客户的管理。

•督导和促销员由城市经理直接进行日常业务的管理，但团队运营、考核激励、产能管理等由促销人力经理负责。

•促销人力经理：负责外包组织建设，人力规划与配置原则，以及督导、促销员的考核与激励，人员销售与产能管理，人员闭环管理，iRetail 运营及数据应用，相关费用管理。

•门店管理经理：负责店面规划、建设与运营，含策略与作战地图，SI 规范及落地，阵地规划与建设、运营管理，流程指标监管，陈列体验与品质管理，相关费用管理等。

•零售促销经理：负责新品上市终端管理，促销活动管理，促销品供应管理，样机管理，In store MKT，相关费用管理。

•零售培训经理：负责内外部 Field Force 人力培训，讲师管理，课程适配与开发，培训项目管理，培训评估管理，优秀案例传播，相关费用管理。

通过对零售业务进行梳理，设置相应的岗位、明确职责，完善零售组织结构，以组织的力量确保业务目标的达成，从而实现零售的战略目标。

9.2 人才管理

引入明白人

华为积极引入和聘用各方面人才，鼓励干部合理流动，跨省、跨国、跨地区部、跨业务领域之间流动；同时积极引入业界专家，建设业务匹配、结构合理、专业精深、富有创造活力的专业人才队伍，构建"华为兄弟部门人才＋快速成长的年轻干部＋业界明白人＋高校毕业生"的"钢筋混凝土"团队，向全球业界最优对标，做好用户体验和协同效率，提高组织作战能力。

在此阶段华为引入大量的业界明白人，一同搭建和完善"2C"业务流程。如前诺基亚 Colin Giles（赵科林），出任华为消费者 BG 的 EVP（执行副总裁）职务，负责零售、公开渠道、全球市场营销等方面的业务，之后又重点负责包括美国在内的海外市场。赵科林曾带领诺基亚在大中华区取得不俗的战绩，经验丰富，在华为向公开市场转型的早期也作出了较大贡献。还有前诺基亚高管 CK Cherng，参与了华为渠道、零售、GTM 等业务管理及流程的开发项目。

引入的明白人还包括前三星高管杨柘。杨柘进入华为之后，为华为重新书写了"以行践言"的全新核心品牌 DNA。P7 的君子如兰、P8 的似水流年到 Mate 7 的爵士人生，在杨柘的操盘之下，华为在中国区的品牌形象与产品销量方面实现了明显转变与提升。

除了业界高管，大批具有公开市场管理工作经验的社招员工也加入了华为。其中部分人员加入零售管理部从事店面、培训、促销及项目管理等工作。通过在总部的工作及实践的经验积累，在半年到一年的时间内具备了外派条件之后，像种子一样被派往海外的国家任国家零售经理，加速公司在全球范围内的向公开市场转型。

本篇小结

战略决定业务、业务决定流程、流程决定组织、组织决定成败。华为清晰定义了终端公司的战略面向公开市场、面向高端产品、面向消费者转型，华为零售则必须落实这三个面向，沿着消费者购物之旅来规划零售的定位和使命。零售管理的发展也从此插上了腾飞的翅膀，而终端公司零售管理部的独立是一个重要标志。

在公开市场中可以双向选择，那么渠道商、零售商、消费者为什么最终要选择华为，而不选择友商？这就要求华为的零售能力一定要发育和强大起来：满足消费者的预期，满足零售大客户的预期、布局零售门店、建立促销团队、开展有创意和温度的促销、打造无忧售后服务等。华为的零售管理核心四要素——零售阵地、零售资源、零售团队、零售营销逐步壮大，真正将零售含义理解、吃透，将零售步骤执行到位，终获成功。

第五篇

零售成熟期
（2016—至今）

标志事件一　　　　　**IPMS**

Retail 公司一级主流程

2012 年 1 月，作为向公开市场转型后的第一款重磅旗舰机产品——Huawei Ascend P1 发布了。

从一个埋头深耕运营商直销业务的行业，转向面向消费者业务的行业，这个转型过程非常不易。华为手机的很多员工都是从其他业务部门抽调过来的，可能擅长电信产品开发，但根本不知道如何跟消费者打交道，不知道如何跟渠道打交道，不知道如何跟媒体打交道。刚开始的时候，按照电信设备的玩法，简单粗暴地去跟其他竞品比拼产品性能，仿佛配置就等于市场。

为了体现华为的追求，华为把 P1 定位为全球最薄的手机。围绕"薄"，做了很多工作，选最薄的屏、全新设计电池和手机架构。由于设计得太薄，导致天线性能无法达到要求，于是想了很多办法，但都不能有效提升天线性能，最后只得把手机尾部做厚来容纳天线。同时，P1 也主打"最快的双核手机"卖点，想当然地乐观估计手机的配置、功能都是业界最好的，消费者肯定会接受这款产品。

华为 P1 的"智者与白马"的电视广告（如图 17 所示）也在 2012 年 6 月 18 日登陆央视晚间的财经频道与体育频道，这是华为史上第一次做电视广告，也是华为的第一支手机广告。内容是这样的：一匹白马和一位希腊老者对视，然后各自开始奔跑，最后人与马相撞。在一阵电光石火之后，弹出广告：华为 P1 用智慧演绎至美。随后切换画面，出现华为打出的 Slogan：华为不仅仅是世界 500 强。

图 17　华为 P1"白马与智者"广告

此广告本寓意为：老人是希腊智者，代表智慧，白色的骏马代表性感和速度，他俩的碰撞是智慧与性感、速度的碰撞。智慧代表 P1 的智能，性感代表 P1 漂亮的外观，速度代表 P1 优秀的性能。白马也寓意华为的腾飞。但此广告一出，太过烧脑，消费者大呼看不懂。

在产品定价上，P1 的零售价为 2999 元。华为初次进入公开市场，尚搞不清楚国内市场的游戏规则，在渠道管控上也存在问题，给渠道商预留的空间也不够，与其他品牌相差甚远。定价从 2999 被渠道、竞争对手还有舆论牵着鼻子走，一下子降到了 2000 元以下。上市不到 2 个月，某网上商城发文"全球最薄安卓，华为 Ascend P1 暴跌 400"，售价 2599 元；在淘宝上的某些商家，抛货价已低于 2000 元。上市不到 3 个月时，华为方面已经在考虑对先期以 2999 元购买 Ascend P1 的用户给予一定的优惠补偿。

另外，Ascend D 系列的第一款产品 Ascend D1 发布时，P1 还在销售期。传统渠道商认为，上架 D1 会影响 P1 的销售，于是拒绝 D1 进入渠道。D1 产品陷入了只闻其声不见其影的尴尬境地，就连网上也鲜少见到。"国产手机不配超过两千元"成为魔咒。那时候每一款手机销量都低于预期，大量的资金成为沉睡在仓库的元器件和成品。P1 之后，华为手机就开始了 Mate 1 的研发，而 Mate 1 是所有旗舰款最失败的产品。由于操盘运营失败，使生产了 80 多万部的 Mate 1 还剩下 40 万部未销售出去，终端人的信心受到重创。但很快，华为又开始投入 P2 和 Mate 2 的研发。

距 P1 发布仅 1 年，2013 年 2 月 24 日，巴展开展的前一天，华为 Ascend P2 正式发布。当天，华为终端全新品牌理念 Make it Possible（以行践言）同时发布。同年 6 月 18 日，旗舰智能手机 Ascend P6 在伦敦发布，"美，是一种态度"的 Slogan 让大众第一次感受到华为有点儿找到做消费品的感觉了。从 P6 开始，华为从卖技术到卖艺术，开始用美代替工业参数，主打美的体验，与消费者建立价值认同感和情感共鸣。

华为转型学习的成本奇高无比，前面已经介绍了P1、Mate 1 的教训。华为厉害就厉害在"不成功也不气馁"，通过对不成功案例的复盘，吸取经验教训，在下一次的业务中进行改进，一点点儿前进、一点点进步，最后一定可以做到最好。通过 P1、D2、W1、A199、Mate 1 等产品的操盘实践，在持续一贯的品牌格调状态下，在渠道、零售、GTM 等能力持续发育下，浪涌般地推进，最终在 P6 上达成破堤而出的效应，而 Mate 7 的上市操盘更是冲垮了整个堤坝，一时间"洛阳纸贵"。

在交了很多学费后，华为慢慢了解了何为用户需求和用户细分，逐渐明确了面向消费者的产品上市操盘整体能力（产品、品牌、GTM、渠道、零售）的打造。此时华为向标杆学习的精神发挥了出来，招聘业界明白人，聘请咨询公司，全面建设面向公开市场的产品上市操盘及营销管理能力。

从零售的概念上来看，零售是直接将商品或服务销售给个人消费者或最终消费者的商业活动。而对企业来说，零售是产品的所有权从企业转移到消费者手里的过程。因此，华为认为涉及产品转移过程中的所有动作都应该是零售涵盖的内容，如 GTM、品牌、渠道、零售、服务等业务。2014 年华为完成 16.0 Retail 流程架构（试发布），这是华为公司的一级主流程（如图 18 所示，此为公司第 16 个主流程，其他流程为 IPD、LTC 等一级业务主流程）：

华为零售

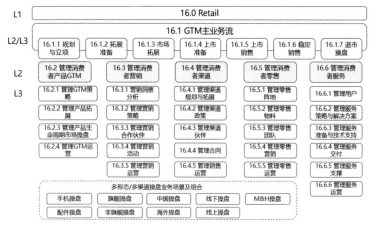

图 18　华为 16.0 一级 Retail 主流程

此流程的试发布为"2C"业务的各模块的能力建设及发展目标提供了明确的指引方向。2014 年华为开展消费者"2C"项目群的建设，在 70 个代表处落地 PRM 项目，在中国和泰国上线零售门店管理系统 iRetail，完成进销存管理系统 PSI V1.0 全球部署，拉通 Sell In 及 Sell Out 数据，实现对渠道、零售业务日常运作管理和效率提升，并完成面向"2C"的端到端服务体系转型规划。

华为始终坚持精品战略，凭借极致科技与时尚设计，带给消费者优质的软硬件体验，引领业务飞跃式增长。2015 年，中高端智能机发货量占比提升至超过 30%。Mate 8 上市首月销售突破 100 万部；Mate S、Nexus 6P 热销全球 60 多个国家；P8、Mate 7 发货分别超过 500 万部、700 万部；荣耀手机在全球 70 多个国家和地区发货超过 4000 万部。

经过 2014 年、2015 年终端业务的发展，不断地修正及完善公司 16.0 Retail 的主流程，逐步完成了整套的基于产品上市操盘的营销力（品牌推广力、渠道运营力、零售管理力、产品操盘力）的打造，发布 IPMS 流程。此流程的发布标志着华为的零售进入了成熟期。为了避免与零售管理力的混淆，同时也为更准确地描述基于产品上市操盘的 IPMS 流程，笔者将之命名为"宏零售"。

宏零售：IPMS 流程

IPMS 流程是面向华为"2C"业务的主干业务流程，聚焦产品上市前端与营销相关各环节，围绕单款产品，规范从产品的市场机会点生成到生命周期结束的全流程市场整体操盘管理。2015 年底经过 IPMS 项目组综合业界实践和华为实际运作情况进行提议并由消费者 BG EMT 讨论确定后，通过了集团汇报，在 EAC[①]、C3T[②] 和 ESC[③] 均已认可并达成共识。由此华为针对公开市场的宏零售业务流程正式形成，也标志华为零售的成熟期来临。

• IPMS 是业务流：其围绕一款产品从确定需求立项到生命周期完成，端到端集成营销服体系运作的主干业务流。

• IPMS 是业务流程：是 Retail 流程下的 L2 主干业务流，进行分场景业务流程定义，整合各类平台能力，同时可基于授

华
为
零
售

---

① EAC（Enterprise Architecture Council）企业框架委员会。

② C3T（Corporate Business Transformation & IT Management Team）企业业务变革及 IT 管理团队。

③ ESC（Executive Steering Committee）高层指导委员会。

权进行流程建设与运营。

• IPMS 是团队运作机制：定义了 IPMS-MT①、PCT② 团队职责、例行运作及问题升级决策机制、通过 GR③ 来衔接 IPD 运作。

IPMS 核心机制就是：整体经营思维，区别于以前的只管买卖；开好两个会议，即 IPMS-MT 决策会和 PCT 操盘会，团队作战，力出一孔；执行一个清单，即 IPMS 操盘清单，将产品生命周期整体操盘拆解为一百个左右标准动作，协同各领域遵照执行。

IPMS 打通的是总部，区域，国家三层组织，落实到区域和国家层面，先僵化，聚焦该层次对应标准动作，然后再逐步优化和细化，达到整体操盘能力提升的目的。

IPMS 围绕单款产品，规范从产品的市场机会点生成到生命周期结束的全流程市场整体操盘管理。从管理市场单元角度，横向拉通规划与立项，拓展准备，市场拓展，上市准备，上市销售，稳定销售，退市操盘等产品生命周期的七个市场阶段，纵向覆盖了总部、分公司、办事处市场团队（营、销等领域）的操盘管理动作，实现端到端的产品市场操盘。

IPMS 流程通过一致的、专业的方法，协调各领域高效集成运作，是一个市场领域跨功能部门的业务流程。它对 GTM、电商、营销、渠道、零售、服务、财经、定价商务、市场计

---

① IPMS-MT（IPMS Management Team）IPMS 操盘管理团队。

② PCT（Product Commercial Team）产品市场操盘团队。

③ GR（General Review）产品操盘准备度评估。

划、交付等角色职能进行协同管理。通过跨领域协同，确保产品成功上市与销售。

IPMS 流程起点为 Charter 通过，组建项目 PCT 团队。IPMS 流程终点为产品 EOS[①]。

IPMS 核心要素：

1. GTM：市场机会点挖掘、产品策略管理、拓展管理、量价管理。

2. 电商：电商规划与拓展、商品管理、流量管理、活动运营。

3. 营销：整合营销传播策略及执行、发布会策划及执行、上市营销管理。

4. 渠道：渠道模式与伙伴选择、覆盖范围与节奏设计、渠道激励、渠道销售运营。

5. 零售：零售规划、零售物料、店面管理、促销管理。

6. 服务：消费者声音管理、服务准备、用户管理。

7. 财经：全生命周期损益、营销费用投入产出、预算管理。

8. 定价商务：商务授权、定调价管理。

9. 市场计划及交付：市场预测、订单交付、分货执行。

IPMS 管理目标：

1. 专注于消费者体验，进行产品的市场机会点挖掘、需求落地，达到全球市场的商业成功。

---

① EOS（End of Service and Support）停止服务与支持。

2. 使产品上市和生命周期管理过程规范有序。

3. 保证产品 / 市场拉通，一线市场洞察传递通畅、全球营销活动一致、全球价量平衡、品牌知名度及市场占有率稳健提升。

4. 通过明确总部和分公司 GTM、电商、营销、渠道、零售、服务角色的职责与分工，并设立区域能力中心，提升一线的工作质量与效率。

5. 保证有效规划、执行市场预算。

标志事件二　　　　终端战略预备队

"消费者 BG 要重视战略预备队的培养，既然你赚了钱，就要把一部分钱投入战略预备队中去。战略预备队就是要快速地提拔，快速地培养一些种子，散遍世界各国，四面八方。"

——任总在 2015 年 CBG 年度大会上的讲话

战略预备队提上组织运作可以追溯到 2013 年。从 2013 年"后备干部项目管理与经营短训班"（参训 5093 人）开始，经历了 2014 年的"解决方案重装旅"（参训 2167 人），"项目管理资源池"（参训 2326 人），"将军池"（参训 660 人），"干部部部长战略预备队"（参训 195 人），到 2015 年的"消费者 BG 战略预备队"（参训 102 人）、"变革战略预备队"（参训

4082 人）、"监管重装旅"（参训 225 人）、"企业 BG 战略预备队"、"IT 战略预备队"（参训 36 人）、"行政战略预备队"。

"战略预备队"是一个培养"将军和优秀士兵"的学校，也是一个淘汰不合格员工的筛子。在人力资源与市场中间加一座加油站、缓冲带、滤网，这非常值得其他企业学习。

战略预备队是通过训战结合的方式，快速地培养精通业务的人才。这套模式也得益于华为一直强调的流程化、模板化、工具化，这套方法已成为华为执行业务的标准。

任正非强调：模板化是所有员工快速进步的法宝。规范化就是我们把所有的标准工作做成模板，按模板执行。新员工入职，能看懂模板，会按模板执行，就算是国际化、职业化了。以现在员工的受教育程度，入职 3 个月就能掌握模板运用了。而这个模板是前人经过几十年才摸索出来的，你不必再去摸索。一个有传承和积累的公司才是有价值的。

华为终端"2C"业务及零售业务经过几年的积累，已初步形成了方法论及一整套的工具、模板，在重点国家及市场经过实战验证，已具备全球推广和快速展开的能力，因此，通过终端战略预备队培养金种子选手、人才，培育成熟后广撒全球各地。

终端战略预备队训战结合是如何运作的呢？下面以一名转岗干部为例进行讲解，训战结合的妙处在于不仅仅是课堂讨论与案例学习，更重要的是接触实际工作场景的体会和磨炼。

转岗干部中可能有运营商 BG 的客户经理，也可能有企业 BG 的交付经理，他们对消费者业务完全不了解，需要一切从头学起，从站店、巡店、盘库、路演等开始做起，用双脚丈量市场。预备队的学员们日均行走两万步，夜夜巡店到很晚。参训人员走过了几百家零售／服务店面，并且还充分参与了代表处的日常业务运作，以及两到三款新品上市操盘的工作。

另外，学员还会参与代表处的稽查项目。稽查项目结束后学员已经对渠道、零售、MKT、交付、服务的业务实质和流程KCP（关键控制点）均有了一定程度的理解，也为后面转身GTM，拉通各模块进行业务操盘，做好了充分铺垫。

学员直接参与业务实战三个月，负责支撑一个KA客户群的GTM工作。导师每周进行两次沟通和指导，同时指派了两名老将倾囊相授。作为一名支撑KA的GTM，除了要做好销售预测、备货、PO进度等基础工作以外，更重要的是要把控投入预算，保障经营结果，协助从客户侧获取最好资费、紧盯客户MKT活动、根据竞品和大盘情况制订相应促销活动等。充分理解和掌握GTM的工作核心，并在实际场景中锻炼：资费谈判要快（好），客户资源锁定要快（早），竞品动向反应要快（敏锐），市场乱价处理要快（价稳），一切相关的准备工作要慢（充分）。

最后，成绩优异且完成预备队所有培训实战项目的学员，会落地重要的区域开始新岗位的工作。

经过终端战略预备队训战后的学员可以在短短的几个月时间完成相当于其他零售业务员若干年的经验积累，直接可以上手开始工作。华为的知识管理、经验积累及其可复制性为华为的成功提供重要保障。

有一名研发专家，从研发岗位转岗至战略预备队，之前没有消费品零售甚至销售经验，在接受了 CBG 战略预备队的训战结合的强化培训后，已成长为一名合格的营销专家。

这在其他公司是不可能的事情，但是在华为就发生了，而且是普遍发生的。笔者在 2015—2016 年招聘的及培训的员工，目前有很多人担任着国家或者地区部的零售管理领导职务。

还有一个案例，也是"零售小白"的许溯在训战后成为华为法国零售经理的故事。许溯就任后面临着巨大的挑战，他不仅是首次外派，而且是唯一的中方员工。面临着挑战，他是怎么做的呢。他做的每一步都是有培训、有方法的：

首先，一定要本地化。顺应法国当地人的生活方式，融入团队，通过相互尊重主动沟通，逐渐缩小了文化差异带来的理解偏差。

其次，按照作战模板依次落实业务。根据战略预备队的培训知识，在对法国进行市场洞察以及差异分析后，依照模板完成法国零售战略规划及作战计划书；然后搭建作战平台，从"人"和"店"入手，一砖一石铺设终端之路。有了零售门店、有了零售人员，才能实现零售。

最后，要有持续作战的精神。通过定期巡店，倾听客户及消费者对华为的想法诉求以及解决陈列、库存和销售中的问题；解决人、店、物、奖、促、培问题。

有了勤奋努力的工作，自然也有了收获。法国零售能力不断得到提升和加强，高端机销售大幅度提升。另外，2020

年3月5日，华为法国首家旗舰店也落地巴黎，正式开业。这个成绩是很了不起的，因为这个时间点华为正处于众所周知的最艰难的时刻。

通过这个故事，我们看到，正是由于华为建立了强大的零售管理流程体系、训战结合的培训体系、具备不让雷锋吃亏的精神和传统，才使华为产品的销售蒸蒸日上，才使一个零售"小白"获得成功。

1. 华为公司建设有功能完备的零售平台支撑能力。

2. 强大的零售培训体系，比如消费者战略预备队对零售经理的赋能培训，另外还有专门针对促销人员的各级零售培训。

3. 完备的零售体系流程和模板，比如国家零售战略规划模板、零售供应商选用留模板、零售门店管理模板等。

4. 华为公司文化，以客户为中心、以消费者为中心、奋斗者文化、不让雷锋吃亏等。

第 10 章　零售成熟期终端及零售战略

10.1 由全场景智能生活体验到 "1+8+N" 全场景智慧化生态战略

早在 2014 年初，在华为 CBG 全球零售管理部李光的支持下，笔者负责开发推进了"多终端产品融合展示"项目，因为此时我们已经洞察到，手机不仅仅是一部手机，终端产品也不是独立的产品，而是组合在一起为消费者提供最终解决方案的、满足消费者需求的产品组合。因此，呈现在消费者面前的、需要让消费者感知的是"华为不再是销售产品，而是在销售解决方案"。此项目在华为零售门店就是以"融合产品展示墙"呈现出来（如图 19，实景照片）。

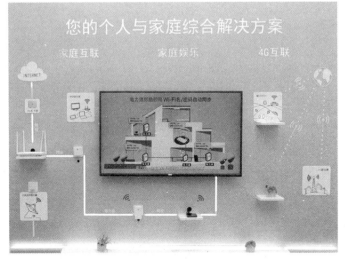

图19　华为终端产品个人与家庭综合解决方案图例

经过多次会议的研讨，再与主要项目供应商的相关技术人员数次反复沟通，克服种种困难，最终的打样获得了领导的肯定，并融入华为体验店的设计中。

这应该是华为"全产品融合多场景"概念的雏形，也是"全场景"的前身，在2015年年报中就提出了"全场景"概念（围绕衣食住行，以消费者工作、娱乐、生活全场景的需求，构筑面向未来的能力），之后不断完善及明确"全场景"概念，继而于2018年提出"1+8+N"的发展战略，如图20所示。

图 20　多产品、全场景战略进化示意图

　　2016 年，华为坚持为消费者打造全场景智能生活体验，布局 PC、平板电脑、智能穿戴、智能家居、车联网等领域，获得了一定程度的突破。平板电脑业务在 2016 年实现逆势大幅增长，在企业市场和消费者市场领域均有卓越表现，2016 年总发货突破 1000 万部，同比增长超过 90%。在智能家居方面，以 HiLink 为核心的智能家居生态平台与海尔、格力等主流家电企业达成战略合作，生态雏形初步建立。车载产品与奥迪、大众等全球一线品牌达成合作。

　　2017 年，华为继续在 PC、平板电脑、智能穿戴、智能家居、车联网等领域进行布局。平板电脑业务在 2017 年保持逆势增长，发货量同比增长 40%，市场份额进入全球前三。第二代 MateBook 发布后，MateBook X 以其惊艳的设计荣获 CES Asia 最高奖。智能家居作为未来智能世界的重要组成部分，华为消费者业务在推进 HiLink 智能家居生态部署和运营的同时，明确了智能家居生态三阶段推进目标：第一阶段，广联接，解决设备与设备的互联隔裂问题；第二阶段，全联接，解决人—设备—服务的闭环问题；第三阶段，智联接，解决各种复杂应用场景中，多设备的自我学习和智能协同问题。目前，华为 HiLink 智能家居生态已经接入 80 余个品牌，涉及 50 余个产品品类，正式推出的产品达 300 余款，合作伙伴覆盖智能家居厂商、家电提供商、房地产开发商以及内容服务提供商等。

2018 年，华为的全场景布局取得关键突破，新业务实现高速增长；同时，面向未来，整个产业即将进入万物互联的"全场景智慧生活时代"，围绕多样应用场景发展起来的智能终端设备，已经成为消费者获得智慧体验的重要入口。在这一时代大背景下，华为消费者业务提出了"1+8+N"全场景智慧化生态战略，以手机为主入口，以 AI 音箱、平板电脑、PC、可穿戴设备、车机、AR/VR、智能耳机、智能大屏为辅入口，结合照明、安防、环境等泛 IoT 设备，积极打造智能家居、智能车载、运动健康等重要场景下的用户全场景智慧生活体验（如图 21）。

图 21　华为全场景智慧化战略

在智能家居领域，华为 HiLink 智能家居协议解决了不同品牌厂家智能设备之间的互联互通问题，能够让接入平台的不同厂家设备之间以"普通话"沟通，实现充分的信息传递和共享。目前，华为 HiLink 智能家居平台已经与全球 150 多家厂商合作，接入了 100 多个品类，覆盖 500 多款产品。与此同时，为了进一步提升消费者的"一致性体验"，华为联合专业领域的顶级厂商，于 2018 年 6 月在 HiLink 平台推出了"华为智选生态"，并建成了旨在为合作伙伴提供联合创新平台的"方舟实验室"，该实验室将为合作伙伴提供单品孵化、场景创新、卖场展示和居家体验。

在智能车载领域，华为已与奥迪、奔驰、大众、丰田、通用等全球顶级车厂合作，为千万车主提供稳定可靠的车联网服务。

在运动健康领域华为已经与超过 100 家著名企业、高校、研究机构等合作伙伴建立了良好的合作关系，华为运动健康 App 用户突破 1 亿。

2019 年及 2020 年，华为消费者业务坚持以消费者为中心，持续实现突破性创新，不断建设"1+8+N"（1 代表手机用户；8 代表平板电脑、PC、VR 设备、可穿戴设备、智慧屏、智慧音频、智能音箱、车机；N 代表泛 IoT 设备）全场景智慧生活战略，以 HarmonyOS 和 HMS[①] 生态为核心驱动及服务能力，围绕以智慧办公、运动健康、智能家居、智慧出行和影音娱乐为主的五大生活场景，为消费者打造多种设备无感连接、能力共享、信息内容无缝流转的智慧生活体验。

---

① HMS（Huawei Mobile Services）华为移动服务，是华为为其设备生态系统提供的一套应用程序和服务。

10.2 "1+8+N" 全场景智慧化生态战略下的零售战略

华为 "1+8+N" 全场景智慧生活的落地看似是落地到用户家里，但本质上还是要落地到用户的心里，最重要的还是要和用户"深度沟通"，要做有温度的品牌，与用户进行更好的情感链接。2019 年在华为 P30 发布会后大中华区总裁朱平接受采访时说："华为服务专营店，截至目前是 1156 家，到年底将达到 1450 家，覆盖了中国 95% 以上的地方。市级体验店超过 1000 家，今年希望做到 1300 家左右，县级体验店超过 2500 家，到年底 3000 家，覆盖中国 95% 以上的县。"这些专门的服务渠道，主要是将华为的服务深化下去，成为和用户沟通的平台，只有让华为的品牌在用户心目中落地，才能让华为的产品在用户家中落地。

又比如包含诸多课程的"华为学堂"，让消费者可以在这里进行很多课程的学习，仅针对 P30 系列产品，就有 6 大课件、14 门课程，未来还会增加几十门课程，并不断针对性优化，帮助更多用户全面进入科技生活。而这些培训课程都会在华为的体验店中进行落地，成为标准化服务的一部分。

一直以来，华为的售后服务就备受老用户称赞，不仅在软件层面，一直照顾到老用户设备的升级，不管是系统还是新技术，都兼顾了更多机型，成为行业的佳话。而另一方面，华为售后服务的标准化和亲民化也让消费者能够非常安心，甚至没事都愿意去华为店坐一坐。为了及时响应、解决消费者的后顾之忧，华为开通 7×24 小时客服服务。此外，每个月的第一个周五、周六、周日作为特别服务日，免费为消费者进行手机的清洗、贴膜及保养服务，保外产品免收人工费。华为还推出了"久久"续航的活动，在保修期外只需 99 元即可给手机更换新电池，用户可通过预约到店、寄修等多种形式参与。这些举措更是赢得了广大消费者的广泛性认同。

在零售成熟期，华为终端不仅处于一个高速发展的阶段，更处于一个全面升级的阶段，这个升级不仅仅是产品的不断推陈出新和技术的迭代，更有华为品牌形象的不断升级和在消费者服务中的不断深化。尤其是后者，反而更值得关注。因为大部分企业还只是在关注渠道的带货能力，却比较忽略渠道和用户的沟通能力，大多通过宣传来进行销售，很少通过服务来实现品牌的认知和沉淀。

由"品牌、服务、渠道、零售、GTM"等组成的宏零售助力华为在零售成熟期走向更辉煌。

完善华为体验店体系，构筑品牌高地

作为电子消费领域的领军者，华为已经成为不少消费者的首选品牌，而带有华为 logo 的线下零售店，更是随着下沉渠道在全国各个城市遍地开花。

当然，一个品牌不仅仅需要分布在各个区域的零售店，更需要提升品牌形象的旗舰店。2020 年，华为陆续在不少城市推出全新升级的旗舰店，从深圳卓悦中心到上海南京东路再到成都万象城，这些华为旗舰店如同品牌形象的灯塔，代表着华为提供的最优质的服务与最佳的购物体验。

1. 华为的旗舰店并不是一个单纯的卖货平台，更是对外展示"智慧生态"的窗口，传达出华为所倡导的"全场景智慧生活"理念。

2. 通过实地搭建智慧场景，强化消费者直观体验感受。以深圳卓悦中心旗舰店为例，华为通过不同产品之间智慧互联构建移动办公、智能家居、运动健康、智慧出行、影音娱乐等五大生活场景，让消费者置身在一个个场景中体验产品之间智慧联动带来的"未来感"生活体验。沉浸式的体验会使消费者产生兴趣，从而喜爱，有了购买欲望。

3. 华为旗舰店都选在了人流密集的一线城市和核心商圈。无论是深圳卓悦中心、上海南京东路还是成都万象城，都是当地人流最为密集的区域，利于引起关注和品牌宣传。

华为旗舰店，是零售店，同时更是标杆，是全场景智慧生活的最佳展示空间，是华为终端与消费者连接最好的窗口。

宏零售战略落地一贯到底

华为的战略一旦确认，业务设计及业务举措明确之后，所有的业务单元都会紧紧围绕着同一目标、同一"城墙口"去冲锋，在这样的压力下，华为想到的即是做到的。以品牌为例，华为的品牌大理想是"人人都享有高质量的接入方式，世界将更美好"。这句话听起来很虚，但其实消费者看到的所有一切都是华为以这个品牌大理想为指引来呈现在消费者眼前的，包括华为旗舰店的设计理念、广告创意、促销活动方案等，甚至产品包装盒的大小、颜色，无不是在大理想的指导下进行延展的。

华为将华为旗舰店定位为"与消费者连接的城市客厅"，包括有产品体验区、公开讲座区、售后服务区以及开放区等。顾客不仅可以在华为全球旗舰店放松、约见朋友，还可以来Huawei Community参加每天举办的免费课程学习，主题涵盖摄影、摄像、运动健康等，还可以聆听来自艺术、绘画、旅游等领域艺术家的分享，激发创作热情。

另外，在区域设计及产品陈列等方面，设计师都是将品牌大理想的灵魂融入进去，再高标准、高质量地呈现出来。在设计中充分体现出华为"万物互联、连接人人"的理念，设计了很多高科技的体验，包括定制化的消费者深度沉浸式体验项目，涵盖各种产品以及各种生活场景，也将"1+8+N"的战略呈现在消费者面前。

华为每年都会发起一个全球性的营销活动——圣诞新年促销季活动Campaign。这个活动中国区也同样参与其中，由于包含春节，因此较国外的活动期还稍微延长了一些。2021年初华为在全球范围内展开了2021 New Year Campaign，时间从圣诞节跨越新年直到中国新年，其中一个活动主题为"BETTER TOGETHER 新年照相馆"（其他还有"新愿邮局"等）。

通过新年照相馆活动，华为鼓励消费者消除隔阂，聚集在门店，无论是自己，还是与亲人、朋友或是爱人，都可以留下新年的第一张照片。此次促销活动获得极大成功。

大家看着这个活动挺热闹，又喜庆、参与人数也挺多，但华为为什么要设计这样一个活动、其深层次的意义又在哪里呢？主题为什么叫做 Together 2021？结合前面所讲的品牌大理想"人人都享有高质量的接入方式，世界将更美好"，不难发现，其实这个活动就是华为品牌大理想落地的一个 Slogan。为什么重点强调 together 呢？因为以前华为销售手机，之后又销售电视，以及销售其他智能终端产品，其实是产品 together 的概念，是回到了"1+8+N"产品生态及战略之上。

结合活动主题，在门店中按场景设置相应的产品陈列，在活动上也是让消费者邀请亲人、朋友、闺蜜、同事在一起，together，聚在一起。华为设计这个活动不仅仅是因为照相好玩（华为拍照功能也颇为强大），而是因为它可以跟产品战略及品牌大理想相关联；另外也是结合了节日特点，在元旦、春节这样的节日里，都是阖家团圆、彼此传递这种爱意和祝福的时候，所以采用"新年照相馆"这种落地的形式既能跟品牌大理想相关联，又符合节庆的促销特点。另外还采用了线上线下联动，发动 KOL[①] 提前种草及预热、到现场打卡，然后分享等。通过这些方式活动非常火爆，销售也有很大的提升，消费者都觉得华为的促销活动越做越好了，越来越有温度，活动叫好又叫座。

---

① KOL（Key Opinion Leader）关键意见领袖，这是营销学上的概念，通常被定义为拥有更多、更准确的产品信息，且为相关群体所接受或信任，并对该群体的购买行为有较大影响力的人。

聚焦品牌崛起

华为消费者业务副总裁徐钦松在 CES 2018 上接受采访时说，2018 年是华为崛起年，将进一步聚焦品牌和服务。

"我们发现有很多市场，消费者要深入了解一个公司很难，尤其是对中国公司的认知。"徐钦松说，"华为想要成为一个高端品牌，就希望消费者认识到华为不是一家手机生产商这么简单——华为在全球电信市场已经排名第一。

"消费者可能耳闻华为研发投入巨大，但可能不了解华为 2016 年研发投入达到 110 亿美元巨额资金，华为 18 万员工中有约 7.5 万人从事研发工作。很多海外市场消费者根本不知道这些。"徐钦松强调。

在中国，已不需要再过多传播"华为是谁"，但在国外很多市场，华为首要关注的问题，不是向消费者传播产品的优势，而是提升消费者对"华为是谁"的认知。

徐钦松说，华为还需向更多全球消费者说明，华为是一家踏踏实实开展研发、坚持持续发展、充满信心、发力高端、很透明的一个全球公司。

"这是我们品牌崛起计划的重要内容。"徐钦松说。品牌不仅是产品的质量和服务，还包括消费者对华为品牌的理解和认知。品牌崛起会涉及华为内部很多变化，比如过去华为的品牌工作往往线上和线下协同不够、品牌一致性不够。

作为一个手机品牌，华为在除中国外的其他国家还不太知名，欲站稳脚跟、扩大影响力，必须树立品牌，提升华为品牌的知名度。下面这个在马来西亚建设华为品牌的故事比较有代表性，通过扎扎实实的工作，实现了品牌的崛起。不仅仅是在马来西亚，在全球每个国家也都在发生着同样的故事。

当初，华为在马来西亚还是个不太知名的外国品牌，华为手机的用户也屈指可数。因此，面向公开市场转型，首先要解决的问题是如何提高华为品牌的知名度以及得到当地人的认同。

万事开头难，首先要聚焦的重点工作是让消费者认识华为。2016 年 6 月，华为 P9 在马来西亚上市。P9 的一个核心卖点就是拥有与徕卡合作的双摄像头，拍照效果好。而通过调研发现，马来西亚人热爱拍照。本着简单化、易传播的原则，华为马来西亚 MKT 部门的同事将华为手机在摄影方面的创新和突破，以非常接地气的口号提出来，"Leica Dual Camera（徕卡双摄像头）"就这样出现在了大街小巷。通过营销资源投放、媒介宣传，"徕卡双摄像头"深入人心。消费者一提到华为，就知道华为双摄像头性能好；一想到徕卡双摄像头手机，就想起华为。宣传得好，不仅扩大了品牌的知名度和影响力，也促进了高端机的销售，当时在马来西亚，P9 的总销量比 Mate 8 翻了 10 倍。

品牌的树立不是一蹴而就的，需要长时间的积累过程，就如同聚势，形成浪涌，一浪高过一浪，流水争先，靠的是绵绵不绝，只要坚持正确方向，最后必然喷薄而出。因此在后续的高端旗舰机型 Mate 9、P10、Mate 10 宣传中，继续聚焦"双摄"这个特性，将摄影上升为品牌话题，来牵引全系列的产品营销。Mate 9 叫 "High Performance Dual Camera"，P10 叫 "Dual Camera Evolution"，Mate 10 叫 "Dual Camera With AI"，最终实现品牌的资产累积。

以摄影为切入点让华为品牌成功在消费者心里留下了品牌印记，另外，作为世界 500 强的华为，品牌的调性也要树立起来。因此，高端大气、上档次的广告位、宣传阵地必不可少。经团队努力，P9 的广告出现在去吉隆坡机场路上最好位置的广告位上，有效地拉升了华为品牌的高端形象。

为了进一步提升品牌影响力、加强与本地消费者的情感联接，华为邀请马来西亚新星 Hannah Delisha 成为 Huawei 品牌在马来西亚的第一位形象代言人，共同签订了长期成长的计划，将产品、代言人形象绑定，使用双方的资源进行合力传播。华为邀请当地知名的词曲家，写了一首马来语歌曲，邀请 Hannah Delisha 来演唱，并制作成 MV 在各大电视台轮番播放。

通过这些方法，华为品牌认知度大幅提升，有效带动了手机销售的增长。

聚焦服务崛起

除了品牌崛起，华为还非常重视服务崛起。徐钦松表示，过去华为线下体验店是销售的导向，消费者进店买手机就离开，对手机的功能并没有充分的了解和认知。

针对这些问题，华为在意大利米兰建设了一家非常有特色的店铺，定位为高级体验店。

　　该体验店和此前华为的店铺多有不同，具备四个特点：一是打造了很多让消费者可以触摸体验的场景，如用华为手机拍照、玩游戏等多个场景；二是选择了8位在可穿戴设备等领域十分懂行的店员，解决消费者对各个产品的疑惑；三是打造适合本地人需求的服务，如意大利人爱喝咖啡，华为米兰体验店可为消费者提供华为咖啡；四是提供丰富的配件，除了手机、平板电脑、PC产品，还会提供一些用户喜欢的贴纸等。该体验店在吸引人流、提升用户体验认知等方面效果不错。

　　除了更关注销售层面的人性化的服务外，随着华为在全球多国业务不断提升，华为面临越来越多的服务类问题，包括手机备件、手机维修、消费者热线等，在售后层面华为也在持续不断地为服务消费者而努力。

　　以缅甸为例，在这里华为成为毋庸置疑的第一大手机品牌。随着销售的推进，缅甸华为终端认识到，打造能让消费者买单的好产品，同时辅以优质的售后服务，才能长久地为消费者满意度夯实基础，这也是企业品牌制胜的关键。因此，华为加速缅甸的本土化创新服务。

　　为了缅甸华为用户更方便地接受售后服务，华为提供官网、热线、网点等三种服务入口。官网设置人性化，可轻松查找售后链接，查维修指引、查价格等，打造透明的诚信体系和快捷的反馈渠道。服务热线保证做到随时、耐心、贴心。而在服务网点建设上也力图全面覆盖基本城市便利商圈，同时进行严格的培训与认证，为消费者享受一站式服务提供强大保障。

　　•更快捷：为了让消费者免去四处奔波之苦，华为专为缅甸手机消费者提供在线服务 App-Hicare。集成智能问答、用户指南、服务网点等必备的自助查询等服务，让消费者舒心地使用华为手机。

• 更专业：使用原厂备件保障维修质量，解除用户的后顾之忧。

• 更热忱：针对不同用户的需求，提供个性化服务，全面推出 VIP 服务通道与 1 小时快修，提供精准服务。还为有需求的用户提供寄修服务，通过各类创新服务满足消费者的需求。

华为缅甸经过推进本土化创新服务，使在缅甸的华为消费者业务更上一层楼。

不仅在缅甸，在华为全球的各地区部、各代表处都在围绕"以消费者为中心""为消费者提供价值服务"做着同样的事情。Ashraf Fawakherji，来自华为中东终端团队，是公司的金牌员工。有一次，他在 Facebook 上看到一位消费者发帖，说他遇到了一个技术问题，连华为的售后服务中心也无法解决。他立即联系这位消费者，将他请到办公室畅谈。其他人觉得没有必要请消费者到办公室解决问题，但是他认为消费者在意的往往不是故障本身，而是华为的服务态度。切实地"以消费者为中心"，贴近消费者解决问题，可以把负面情绪转化为积极正向评价，让消费者口口相传。

华为人就是这样将华为的服务口碑树立起来的，同时也将华为的品牌树立起来。2016 年，在服务方面，华为建成的线下服务专营店数量已覆盖全球 45 个国家，并建成了可支撑

105 个国家热线服务诉求的全球服务能力中心。根据 IPSOS 调研数据显示，华为用户服务满意度在中国、波兰、墨西哥、埃及等多个国家排名第一。

　　2017 年，在用户服务方面，华为不断扩大服务覆盖区域、创新服务形式，为消费者提供更贴心、更便利的服务体验。截至 2017 年底，华为消费者业务已在全球建成 1400 多家线下服务中心，覆盖 105 个国家和地区。其中华为服务专营店有近800 家，提供预约、到店维修、上门维修、寄修等多种渠道的基础维修服务，以及碎屏险、延保、以旧换新等增值性服务产品。华为线上用户服务已覆盖全球 111 个国家和地区，支持65 种语言，能够提供热线、在线服务、社交媒体服务、邮件服务、自助服务等多种方式，让消费者更加便利、及时、高效地接入华为服务。

　　每年都有进步、每年都有提升。在用户服务方面，华为坚持基础服务能力建设与提升，聚焦线下服务、线上服务、自助服务三大服务平台，同时积极推行智能客服 AI 转型。2020年华为服务消费者超过 5700 万人次，机器人受理咨询量超过2500 万次。截至 2020 年底，华为消费者业务共建成约 3200家线下服务中心，覆盖了 105 个国家和地区。2020 年服务满意度较 2019 年提升 8 个百分点。

　　与此同时，为了给消费者提供更加有温度的服务体验，华为积极探索品牌服务旗舰店建设，结合华为美学、艺术设计能力，创新服务模式，为消费者打造一个集科技、文化、服务于一体的全场景服务体验空间，如上海南京东路全球旗舰店，深圳万象天地全球旗舰店等。

本篇小结

    成熟期的华为终端零售已经建立完善而强大的零售四要素的管理能力，人、店、物、奖、促、培都能得到精细化的管理和落实，而我们的终端产品也变得更加高端和系列化。高端产品零售的成功，不仅仅要有门店的精细化有效管理，还涉及公司内外部资源的整合、协调和拉通。华为零售正式进入宏零售阶段，需要与产品、品牌、渠道、零售、GTM等各方面因素进行整合，朝着更好的体验、更好的品牌服务、更好的商业成功方向努力，打造IPMS能力，实现卓越零售。

结 语

伴随着科技的迅猛发展，"元宇宙""数字化转型""智慧XX"（智慧城市、智慧健康、智慧医疗、智慧零售）等，新鲜词汇层出不穷，这是信息革命（5G/6G）、互联网革命（web3.0）、人工智能革命，以及 VR、AR、MR 等科学技术发展所带来的必然结果，将对整个世界的发展带来深远的影响。

零售管理也在强大技术的支撑下发生日新月异的变化，不断营造出、涌现出令消费者惊喜的新场景、新体验，基于人脸识别、人体分析、图像识别、大数据分析等核心 AI 技术能力现已普遍被应用，赋能着门店、商超、MALL、品牌商等各类零售业态，助力会员管理、客流分析、商品结算、货品陈列稽查等业务场景升级。但万变不离其宗，究其根本，还是在于提升商业效率、满足消费者的需求，从而实现卓越的产品 Sell Out。即使在"元宇宙"中，只要还存在"人""货""场"的三要素，零售也要遵循着现实世界的根本原则。

强大的技术只是赋能于零售业务，来更好地提升效率和满足需求，而不能改变零售的构成要素。从远古时代以物易物，到现代化的智慧零售，无论线下实体门店，还是线上虚拟门店，都离不开"人""货""场"。因此，聚焦于对消费者的深入洞察与理解，构建起营销力（品牌推广力、渠道运营力、零售管理力、产品操盘力），打造好宏零售 的能力，才是企业零售业务能够立足及发展的根本。

现在学习华为管理的企业很多，但是真正学成功、融会贯通的还不多，下面是 2022 年 3 月 28 日华为 2021 年年度报告发布会中对华为的成功精练的总结：

让世界级人才来攻克世界级难题。"让天才成群而来"。让专家在关键的业务领域充分发挥作用，人尽其才。让专家在科学领域"横冲直撞"，以人才的浓度对抗技术的难度。

——监事会主席 郭平

华为公司的真正价值在于：长期在研发上的投资，所沉淀和积累起来的研发能力、研发队伍、研发平台，这才是华为公司构建长期、持续竞争力的核心。

华为提出：华为最大的财富是人才储存、思想储存、理论储存、工程储存、方法储存、内部流程管理高效有序储存……

——轮值董事长 孟晚舟

附录 1 华为终端业务大事记

1987—2002（终端由 0 到 1，"以消费者为中心"意识的建立）

华为做代理，给客户承诺维修，甚至包退包换，华为历史上最早的"企业广告"—— 产品代理的技术资料是一页粗糙的黑白打印纸，广告词是"订货与退货一视同仁"。

1993 年

华为因为代理香港产品的缘故，所有的产品宣传资料都是繁体字的。封底上的一段宣传口号是"到农村去，到农村去，广阔天地大有作为"。另有一段话是"凡购买华为产品，可以无条件退货，退货的客人和购货的客人一样受欢迎"。

1994 年

"品质管理"成为需要主攻的突破点。华为专门组织研发部和生产部的代表到日本参观学习，并邀请日本知名质量管理专家到华为讲学，之后全面推行日本式的品质管理，并导入在世界范围内刚刚流行起来的 ISO9000 质量体系，力图健全质量体系，确保产品质量达标。

1995 年

企业文化用语：团结一切可以团结的人。

从 1995 年到 1998 年期间，华为从单一产品演变成多个产品，以前只有一个交换机——万门机，在这之后出现了智能网、114、112、传输、无线的 ETS（扩展集群系统），包括手机以及 ETS 终端。

1996 年

企业文化用语：千军万马上战场。胜则举杯相庆，败则拼死相救。既做顺境中的好汉，在大好形势下不陶醉，又做逆境中的英雄，在压力危机下不动摇。

成立终端事业部。

1997 年

企业文化用语：资源是会枯竭的，唯有文化生生不息。

推出无线 GSM 解决方案，同时向公司申请研发 GSM 手机，以避免之前发生的因缺少配套手机导致系统推广受阻的状况，但是任正非以专注通信设备为由坚决反对。同年，国家为了发展自主知识产权的手机终端项目，主动邀请华为进行手机终端的自主研发和生产，给华为发放 GSM、CDMA 手机的生产、研发、销售牌照，也被任正非坚决拒绝了。这也导致华为在测试 WCDMA 的 3G 系统设备的时候，由于市场没有相应的机型，因此网络设备的测试十分被动。当时华为利用计算机做了一台虚拟的 3G 手机，让这台手机跑各种协议，与各种 3G 基站进行测试实验。

对待小灵通，任正非态度坚决地表示：华为是一家"为未来投资"的企业，宁可赔死，也不去做过时的技术。

1998 年

企业文化用语：决不让雷锋吃亏。只有客户成功，才有华为的成功。

1 月，浙江杭州余杭区正式开通小灵通业务，标志着小灵通正式进入中国市场。

8 月 29 日，任正非召开动员誓师大会，50 多位西装革履的 IBM 顾问进驻华为，启动 IPD（集成产品开发）项目。

在 C&C08 开发出来之后，华为开始做电话机的开发、生产和销售。专门成立了一个终端项目，毛生江任总裁。终端部门开发出了各种各样的电话机，但是电话机市场和交换机市场是两个不同的市场。在电话机方面，因为华为和其他电话机生产厂商相比有很大的劣势，再加上当时华为的电话机质量也不行，所以电话机市场一直打不开。最后，终端事业部生产的电话机主要在公司内部使用，还会当礼品送给客户。由于质量不佳，送礼都被嫌弃，客户调侃华为连无绳电话都做不好，还好意思说能做好基站？在终端项目上的失败，使任正非感觉到华为不适合搞终端产品，他曾经说过："华为以后再也不搞终端了。"

2000 年

企业文化用语：烧不死的鸟是凤凰。

2001 年

研发出来第一部 CDMA 手机，CDMA 打通第一个电话。

2002 年

企业文化用语：为客户服务是华为存在的唯一理由。

华为为摩托罗拉提供 G8M、GPR8、WCDMA 等领域的 OEM 产品。

华为出现历史上的第一次负增长，3G 投入巨大却颗粒无收，放弃小灵通，离职员工从公司大量挖人和窃取技术，市场订单在减少，回款困难导致现金流几近枯竭……内外交困。

3 月，中国联通的 CDMA 项目启动 200 亿元进行网络建设，并宣布此后五年，因 CDMA 引发的网络建设、手机终端和服务市场加起来将会达到 5000 亿元。由于此前华为一直押宝在 GSM 设备上，因此错过了 CDMA。

6 月 3 日，日本电气株式会社、松下通信工业株式会社以及华为技术有限公司在北京宣布合资成立上海宇梦通信科技有限公司（COSMOBIC Technology Co., Ltd）。新公司主要从事第三代移动终端的研究和开发。

年底，华为公司正式召开手机终端的立项讨论会，成立华为公司手机终端策划组，组长徐直军，无线产品线成立手机研发部。

2003—2008（零售萌芽期）

2003 年

企业文化用语：在理性与平实中存活。

年初启动了 3G 手机和 3G 手机芯片研发。

7 月，成立华为技术有限公司手机业务部，任正非决定同时进入 PHS 小灵通手机和手机市场。在 3G 时代，华为本来只打算踏踏实实做 3G 系统，但是担心没有配套的手机，华为的 3G 系统卖不出去，于是开始给运营商定制 3G 手机。从 2003 年至 2010 年，华为做手机基本上是为了给自家的主航道业务保驾护航。

9 月 16 日，德国英飞凌和华为宣布，双方将合作开发 3G 手机。

11 月 6 日，华为公司在泰国曼谷"3G World Congress"大会上，向全球发布了 CDMA450 手机和固定台产品。这是华为首次对外正式推出基于华为品牌的手机终端产品，此举标志着华为正式进入手机终端领域，向客户提供端到端的全方位解决方案。

11 月 14 日，华为公司在北京国际通信设备技术展览会期间举行新闻发布会，正式推出 3 款小灵通手机。并宣布，2004 年年内 4 个系列 12 款，覆盖高、中、低各个档次的小灵通手机将全部面市。

11 月，正式成立终端公司，徐直军任第一任总裁，可销售产品为 CDMA450 固定台（西藏）以及 PHS 小灵通手机。

2003 年 12 月 24 日华为注册华为终端（深圳）有限公司。

2004 年

企业文化用语：小胜靠智，大胜在德。

全年华为无线终端实现全球 29 亿元销售额，发货近 500 万部，华为 PHS 手机发货 300 万部，CDMA450 手机终端 200 万部，海外市场需求强烈。

10 月，基于任正非"10 年以后，我们要面临与美国企业的激烈冲突，要有思想准备"的假设，华为在深圳成立海思半导体有限公司（其前身是创建于 1991 年的华为集成电路设计中心）。以此为标志，华为开始不断地加强核心技术研发积累，包括芯片、操作系统等硬核科技。

11 月 15 日，华为抢在了香港 3G 大会的前夕在香港正式发布了 3 款成熟商用的 WCDMA 终端产品。华为的发布会主题饶有趣味："新选择，新优势"，而华为更是将此举看作是在终端方面系列化产品全面出击的开始。

12 月 2 日，华为终端 WCDMA/GPRS 数据卡 E600 在香港正式销售。

2005 年

全年华为无线终端业务收入超 43 亿元，出货量超 1000 万部，其中 CDMA 手机出货量超 300 万部。华为获得在中国生产和销售手机的许可。

2006 年

企业文化用语：将军是打出来的。

华为终端产品覆盖手机、数据卡、FMC 终端、固定台、会议电视、机顶盒、家庭网关、可视电话和模块等多种形态的产品系列，是全球品类最丰富的通信终端供应商。华为终端产品年销量超过 2700 万部，广泛应用于全球 70 多个国家和地区；WCDMA 数据卡全年出货量超过 100 万张，是全球数据卡的领先供应商。CDMA 固定台全球市场份额第一。

2 月 16 日，沃达丰与华为签订五年全球 3G 手机战略合作协议。

9 月，发布由华为定制的"沃达丰"品牌 3G 手机 V710，9 个月内销售 80 万部。

10 月，全国 PHS 小灵通用户数量达到历史顶峰，

9341 万。

彩铃是中国移动发展最快的业务之一，已成为语音增值业务的主要收益来源。华为向中国移动提供了超过 70% 的彩铃设备，服务 20 个省的移动用户。

2007 年

企业文化用语：上甘岭在你心中，无论何时何地都可以产生英雄。只有敢于胜利，才会善于胜利。

终端：将端到端优势延伸到用户。2007 年里程碑：移动宽带产品累计出货量达 1000 万部，市场份额居全球首位。手机发货超过 2000 万部，固定台累计出货量 2000 万部，全球市场份额第一。

2008 年

企业文化用语：让青春的火花，点燃无愧无悔的人生。| 开放、妥协、灰度 | 从泥坑里爬起来的都是圣人。| 以客户为中心，为客户创造价值。| 定位决定地位，眼界决定境界。

全年华为终端公司销售额为 40 亿美元，具体到产品，则是销售了 2200 万张数据卡、3300 万部手机、2400 万台融合终端。

华为拟出售终端业务。就在华为对于出售终端业务犹豫不决的时候，华为蓝军发挥了扭转乾坤的作用。蓝军专家给任正非写了报告，标题是"放弃终端就是放弃华为的未来"，并且旗帜鲜明地提出了"端管云"战略：只有保留终端业务，华为才能真正了解消费者用户的需求，进而理解并引导运营商客户的要求，从而把管道业务做大，把云业务做起来。

2009—2010（零售探索期）

2009 年

企业文化用语：深淘滩，低作堰。｜宰相必起于州郡，猛将必发于卒伍。

全年华为终端公司销售额为 50 亿美元。移动宽带终端（数据卡）持续保持了全球第一的市场地位，2009 年出货 3500 万部。手机产品发货超过 3000 万部，其中 CDMA 手机全球市场份额第三，中国市场份额第二。

华为研发成功第一款手机芯片 K3。

1 月 7 日 14：30 中国国内 3G 牌照正式发出：移动（TD-SCDMA）、联通（WCDMA）、电信（CDMA2000），此举标志着我国正式进入 3G 时代。

2 月，华为在西班牙"世界通信大会"上首次展示首款 Android 智能手机。

2010 年

企业文化用语：以客户为中心，以奋斗者为本，长期艰苦奋斗，坚持自我批判。

智能手机业务快速增长，全球出货超过 300 万部。华为终端 2010 年发货 1.2 亿部，实现销售收入人民币 307.48 亿元。全球首款 LTE 多模数据卡——华为 E398 在欧洲规模商用。创新产品 Mobile Wi-Fi（E5）在世界各地屡获殊荣，全球发货超过 300 万台。

2 月 15 日至 2 月 18 日，在巴展 MWC 2010 华为终端部门董事长郭平表示华为可能再次尝试剥离生产手机和数据卡的终端部门并上市。

华为推出全球首个支持 HSPA+ 网络的智能手机 U8800。

9 月初，华为发布了全球首款原生 Android2.2 的 with Google 智能手机 IDEOS，同时也是全球首款普及型智能手机。

12 月 3 日，任正非召开了"高级座谈会"，"我认为在终端上，我们创新不够，能力不够"。会议最终的主题：做事要霸气，做人要谦卑，要遵循消费品的规律，敢于追求最大的增长和胜利。华为集团正式提出"端－管－云"战略。在这次会议上，任正非对终端业务进行了重新定位，明确了终端公司在手机终端领域做全球第一的长远目标，明确了华为终端与运营商管道业务、企业网并列成为公司三大核心业务，并对终端业务方向做出三个调整：在产品上，从低端手机转向高端手机；在市场上，从无品牌转向自主品牌；在用户重心上，从运营商转向消费者。这种顶层设计为之后华为终端的发展指明了方向，拔高了它的战略地位，提供足够的资源支持，让终端公司有了更广阔的发展空间和竞争优势。

12 月 21 日，以"汇智•简悦"为主题的华为终端移动互联网战略暨新品发布会在北京召开。这一战略的提出旨在重塑"以用户体验为中心"的产品设计理念，简化消费者的操作，以此为用户带来更简单愉悦的生活。

华为首款面向儿童用户的儿童手机在日本上市。

2010 年，华为 C8500 作为中国电信首批推出的天翼千元 3G 智能手机，在百日内的零售销量突破 100 万部，创下"百日过百万"的佳绩。

推出华为 Honor 荣耀手机、华为 Vision 远见手机。

2011—2015（零售成长期）

2011 年

企业文化用语：成功不是未来前进的可靠向导。| 没有什么能阻挡我们前进的步伐，唯有我们内部的懈怠与腐败。| 以客户为中心和以技术为中心要"拧麻花"。

消费者业务销售收入 446 亿元人民币，同比增长 44%。全年整体发货量近 1.5 亿部，同比增长 30%；其中手机发货 5500 万部，CDMA 智能手机在中国市场份额保持领先地位；智能手机迅速放量，发货量近 2000 万部，同比增长超过 500%。

2011 年初，余承东正式接手华为终端公司和消费者业务，出任华为消费者 BG CEO、华为终端公司董事长。

10 月，三亚，华为公司高管、领域专家悉数到场，为期三天的华为终端战略研讨异常热烈。在"2B"市场征战多年的华为人面临"2C"全新方向，部分问题一时难以达成共识，但进军"2C"领域的决心高度一致。而当时，全世界还没有一家公司在"2B"和"2C"领域同时取得成功。

12 月 15 日，任正非总裁签发三亚会议决议，明确三亚终端务虚会的会议提出"华为终端产业竞争力的起点和终点，都是源自最终消费者"发展战略总纲。

2011 年底成立消费者 BG。

2012 年

企业文化用语：力出一孔，利出一孔。| 聚焦战略，简化管理，提高效益。

2012 年是华为手机发展大纪年：发布 Ascend P 系列和 Ascend D 系列产品，并在芯片和子品牌上进行布局，在 Ascend D 上使用海思芯片 K3V2，荣耀 +、荣耀 2 发布，同时建立华为商城，进行电商布局。华为进一步提升智能终端设备的核心竞争力，推出的 Ascend P1、Ascend D1 四核、荣耀等中高端旗舰产品在发达国家热销，实现从 ODM 白牌到华为品牌的转变。华为品牌全球知名度为 25%，在中国品牌知名度为 32%。

华为消费者 BG 实现全球销售收入人民币 483.76 亿元，同比增长 8.4%。全年整体发货量 1.27 亿部，其中智能手机发货量 3200 万部，同比增长 60%。

华为 Ascend P1 广告在《非诚勿扰》中播出，"白马与老者碰撞出手机"，广告语"用智慧演绎至美"、"华为，不仅仅是世界 500 强"。

在中国区渠道上开始发力，制定"16+4"战略：4 指"国苏迪乐"，16 指全国零售能力 Top16 区域。

具有华为特质的 Emotion UI 成功商用，并初步构建终端云服务。

1 月，双品牌之路，推出荣耀 +。

2 月 27 日，西班牙巴塞罗那世界移动大会，由 3000 部华为手机组合出一匹六米高的黑色飞马雕像，引人驻足观看。这是华为第二款高端系列 Ascend D（Ascend D1、Ascend D quad、Ascend D quad XL）的 3 款产品，使用海思芯片 K3V2。华为成为国内第一家推出自研手机移动中央处理器的手机厂商。

3 月 9 日，余承东发了一条微博："最近被那些盲从的跟风者搞火了，我在此不谦虚地说一次，我们今年年底明年年初将推出一款比 iPhone 5 要强大很多的旗舰手机。"这条吹牛的微博被转发了 4000 多次，评论达到 5000 条，被网友冷嘲热讽之后"余大嘴"的称号便不胫而走。

3 月 18 日，华为商城正式发布，进入电商渠道。此时整个中国市场，手机电商占比 8%。

4 月 18 日，华为在北京国家会议中心举行了 Ascend P1 全球首发上市仪式。全年销售 50 万部。

5 月，华为终端公司 EMT 成员率先在深圳华强北站店实践，并对终端管理者提出站店要求。经过一个多月的"试水"，终端"万人站店"实践于 2012 年 7 月全面铺开。截至同年 12 月底，终端管理者、关键岗位员工、销售、MKT 类新员工、集团志愿者等共计 1300 余人参与了站店实践。华为在走向最终消费者的道路上探索前行，理解和践行以消费者为中心的终端文化。

9 月 22 日，余承东发表微博，阐明华为调整的几大战略方向：1. 从 ODM 白牌运营商定制到 OEM 华为自有品牌转型；2. 从低端向中高端智能终端提升；3. 放弃销量很大但不赚钱的低端功能机；4. 启用华为海思处理器和 Balong 芯片；5. 开启华为电商之路；6. 启动用户体验 Emotion UI 设计；7. 确立硬件世界第一之目标。

10 月 29 日，荣耀 2 上市，售价 1888 元，销量近 100 万部。

2013 年

企业文化用语：要培养一支能打仗、打胜仗的队伍。| 最好的防御就是进攻。| 用乌龟精神，追上龙飞船。

全年华为终端销售收入 570 亿元。全年整体发货量 1.28 亿部。其中智能手机业务实现历史性突破，进入全球 TOP3；持续聚焦精品战略，推出了华为 Ascend P6、Ascend Mate 等精品旗舰机型，其中 Ascend P6 在全球超过 100 个国家上市，实现了品牌利润双赢。华为智能手机发货量达到 5200 万部。

华为从 P6 开始深入研究消费者。

华为总部开始部署海外电商业务，首选俄罗斯这个离中国很近且人口过亿的大国作为试点。

1 月 8 日华为在拉斯维加斯国际会展中心发布 Ascend D2，定价 3990 元。

2 月 24 日，巴展开展前一天，华为 Ascend P2 正式发布。这款被冠以"全球最快上网速度"的智能机，最大下行速率可达 150Mbps。余承东表示，2013 年华为终端将持续精品战略，继续聚焦中高端智能机。

3 月，华为发布了华为 Mate，拥有 6.1 英寸高清分辨率超大屏，4050mAh 锂聚合物电池，支持杜比 5.1 环绕立体声音效，支持几乎所有视频格式硬解码。

5 月 18 日，华为终端品牌形象店在深圳华强北（华强北路与振华路交叉口）盛大开业。华为终端旗下包括手机、平板电脑、移动宽带、家庭用网等在内的产品全线上阵，让消费者全方位体验华为终端产品带来的极致移动互联生活。

6 月 18 日，伦敦圆屋剧场（Roundhouse），Ascend P6 发布，广告语"美是一种态度"品牌理念，引导消费者去感受和发现美。

12 月 16 日，华为消费者 BG 宣布荣耀品牌独立运作，刘江峰任总裁，迅速发布荣耀 3C 和荣耀 3X。华为消费者业务旗下"华为"与"荣耀"双品牌并驾齐驱，形成互相借力、互相促进的良性互动。

2013 年任正非南美之行后，华为在上海召开终端战略研讨会，在会议上任正非直言终端要发展低成本电商模式，改变现有格局。电商定位：一是销售渠道；二是销售平台。未来运营商和社会渠道都可成为电商覆盖的渠道之一。

2014 年

企业文化用语：一杯咖啡吸收宇宙的能量。|未来的战争是"班长的战争"。|遍地英雄下夕烟，六亿神州尽舜尧。|坚持为世界创造价值，为价值而创新。|在大机会时代，千万不要机会主义。|时势造英雄，大时代一定会产生大英雄。

全年华为终端销售收入 751 亿元（122 亿美元）。智能手机出货量 7500 万部，同比增长 45%。截至 2014 年年底，华为消费者业务在全球共建立 630 个品牌形象店，大大提升了品牌零售体验。花粉社区持续进行用户经营，Emotion UI 3.0 明显提升了易用性和一致性。

开展消费者"2C"项目群建设，完成 Retail 业务流程架构 V1.0 试发布。

1 月，在拉斯维加斯举行的 CES 大展上，正式发布 4G LTE 旗舰手机 Ascend Mate 2 4G。这款手机和 Mate 一代最大的不同在于摆脱了万年的 K3V2，采用了麒麟 910 处理器。

2 月，在巴塞罗那举行的 MWC 展上，发布 G6、X1、M1、TalkBand B1、E5786 等新品，并喊出"创无边 享无界"的 4G 生活理念。

5 月，搭载麒麟 910T 的 P7 亮相巴黎，在巴黎的 Maison de la Mutualité 用顶尖的技术和艺术带来一场震撼人心的新品发布会。全年 P7 全球发货 400 多万部，畅销全球 100 多个国家和地区。

6 月 24 日，搭载华为海思芯片的荣耀 6 发布，喊出"勇敢做自己"的品牌口号，之前口号"向极致科技致敬"，给人以冰冷的感觉。现在是价值观层面切入引发粉丝的共鸣。荣耀 6 在 3 个月的时间里销售 200 万部。

8月，华为 P7 手机凭借卓越的外观和出色的拍照能力斩获欧洲影音协会（EISA）颁发的"欧洲最佳消费者智能手机"大奖。

9月4日，华为发布全新 4G 大屏旗舰手机 Ascend Mate 7。Mate 7 畅销高端商务精英人群，成为 2014 年下半年颇具传奇色彩的一款手机，上市 3 个月发货超 200 万部，并收获了 "Best of IFA 2014 : Best Smartphone" 等全球权威科技媒体颁发的四项大奖。

9月13日，荣耀出货超 2000 万部，销售额达 30 亿美元。其中，荣耀 3C 出货超过 800 万部，荣耀 3X 系列出货超过 400 万部，荣耀 6 出货超过 300 万部。截至 2014 年底，荣耀品牌已经进入全球 60 多个国家和地区。

10月1日，中国所有小灵通基站最终被关闭，小灵通业务彻底消失。

12月17日，花粉会在北京 798 艺术区召开，余承东化身超人，"因为热爱"为活动主题。

2015 年

企业文化用语：变革的目的就是要多产粮食和增加土地肥力。| 让听得见炮声的人呼唤炮火。| 一切为了前线、一切为了业务服务、一切为了胜利。| 蓬生麻中，不扶自直。| 伟大的背后都是苦难。| 不在非战略机会点上消耗战略竞争力量。| 做"成吉思汗的马掌"。

全年华为消费者业务销售收入超过 200 亿美元（销售收入 1291 亿元人民币），较 2014 年增长 70%；全年智能手机发货量 1.08 亿部，同比增长 44%。全球零售阵地超过 53000 家，大幅提升华为品牌的零售体验。同时，华为以消费者为中心，面向全球 100 多个国家，在重点城市打造 5 公里实体服务中心和全覆盖的多渠道线上平台，并建立线上线下协同的统一平台。

3月12日，华为在巴黎正式成立美学研究中心。

3月，华为首次在国内智能手机排名第一（13.57%），其次是苹果和三星，分别占 12.37% 和 10.15%。

上半年，荣耀销售 2000 万部，销售收入 26 亿美元。

9月2日，华为发布全新屏幕按压旗舰手机 Mate S。Mate S 凭借颠覆性的 Press Touch 按压触控技术和优秀的综合体验，引领人机交互新革命，畅销全球高端市场，并荣获"IFA 最佳智能手机"等十多项国际权威媒体奖项。

10月10日，荣耀举行"LIVE"青春音乐会。

11月，华为发布 Mate8，邀请球王梅西代言，并发售 5000 部梅西签名限量版，之后继续邀请梅西代言 P10 系列。

截至年末，花粉俱乐部人数为 139176 人。

2016 – 至今（零售成熟期）

2016 年

企业文化用语：决胜取决于坚如磐石的信念，信念来自专注。|不完美的英雄也是英雄。|多路径，多梯次，跨越"上甘岭"，攻进无人区。|前进的路上不会铺满鲜花。|自己的狗食自己先吃，自己生产的降落伞自己先跳。|春江水暖鸭先知，不破楼兰誓不还。|让我们的青春无愧无悔。|越过工卡文化，大量支持全球同方向的科学家。|让二等兵在战火中升为将军。|大时代呼唤着英雄儿女，机会将降临有准备的人。|我们要敢于聚焦目标，饱和攻击，英勇冲锋。|加强血液流动，敢于破格，促进人才"倍"出。|只有商业成功，

才是成功。｜自我改革，激活组织，促进血液循环，焕发青春活力。｜我们的唯一武器是团结，唯一的战术是开放。｜不拘一格用人才。｜上战场，立功去。

全年华为智能手机发货 1.39 亿部，同比增长 29%，销售收入 1798 亿元，同比增长 44%。P9 发货量破 1200 万部，Mate 9 发货破 500 万部。

4 月 6 日，华为在伦敦发布了新旗舰 P9 系列新机。华为与徕卡在 2016 年共同推出的第二代双摄像头技术，全面引领手机摄影的新潮流，P9 及 P9 Plus 全球销量突破 1000 万部，成为华为首个销量超千万的旗舰产品。2016 年 4 月，华为在伦敦发布 P9 系列，请来了好莱坞明星亨利·卡维尔和约翰逊·斯嘉丽为产品代言，吸引了国内外众多科技、时尚媒体的关注。

5 月，消费者 BG 软件部立项研发分布式操作系统 1.0 版本。

华为在美国发布新机 G8X，全面进军美国市场。

2017 年

企业文化用语：让听得见炮声的人指挥战争。｜在最佳时间、最佳角色做出最佳贡献。｜让优秀人员的青春早一点放射光芒。｜不要埋头经验主义，小心让二等兵超越。｜要战略聚焦，有所为，有所不为。｜方向要大致正确，组织要充满活力。｜要坚持真实，华为才能更充实。｜把数字世界带入每个人、每个家庭、每个组织，构建万物互联的智能世界。｜全营一杆枪。｜任何一个合同，任何一个交付，一定要复盘。复盘才知道我们这件事哪些做错了，哪些做对了。

全年消费者业务收入 2372 亿元人民币。公司智能手机发货量达到 1.53 亿部，全球市场份额突破 10%，稳居全球前三，在中国市场持续保持领先。华为新推出的 Mate 10 成为全球首款加载人工智能芯片的手机，引领智能手机行业进入人工智能时代。

在零售和渠道建设方面，华为努力打造"纯净、简约、极致、高端"的零售阵地形象，全球零售阵地建设逐步从"规模扩张"转向"质量提升"，相继在意大利、阿联酋、马来西亚、泰国等国家建成华为高端体验店，华为全球体验店超过 3000 家，同比增长超过 200%。

为给消费者打造全场景智能生活体验，华为在 PC、平板电脑、智能穿戴、智能家居、车联网等领域进行布局。

华为荣耀形成"双犄角"合力。华为与荣耀双品牌市场合力形成全档位明星产品"双犄角"矩阵：华为品牌以极致创新和卓越体验为追求，不断在高端市场取得突破，服务更广泛的人群，努力为消费者打造高品质端到端体验；荣耀则致力于为年轻一代打造最喜爱的极致科技潮品，努力成为年轻人最喜爱的互联网手机品牌。

1~11 月，荣耀手机发货 4968 万部，销售金额达 716 亿元人民币。

9 月 2 日，华为于 IFA 柏林国际消费电子产品展上公布麒麟 970 芯片，这是世界首款带有专用人工智能元素的手机芯片。

10 月 26 日，HUAWEI Mate 10 系列面向全球发布，产品上市后，全球权威科技媒体均给予了广泛好评。

EMUI 8.0 结合人工智能技术进一步优化 Android 卡顿问题。

12 月，华为重新确立了公司的愿景和使命：把数字世界带入每个人、每个家庭、每个组织，构建万物互联的智能世界。之前的愿景是"丰富人们的沟通和生活"。

2018 年

企业文化用语：勇敢不是不害怕，而是心中有信念。苦练内功，提升效率。｜鼓足干劲，力争上游，不畏一切艰难困苦。｜极简的网络、极简的商业模式、极简的组织结构、极简的流程。｜刻苦学习，反复推演、复盘，提升战略洞察与预判能力。｜要耐得住寂寞，经得起摔打，英雄和领袖都是在磨难中产生的。｜跌倒算什么，爬起来再战斗，我们的青春热血，万丈豪情，谱就着英雄万古。｜天涯海角做将军。｜我们一定要胜利，除了胜利，无路可走。｜我们决不投降，决不屈服，从不畏惧，英勇前进。｜我们要学会任何工作都推行复盘，这就是总结反思，这也是每日三省吾身。复盘多了，试行建模，建模多了，工作就会更加条理化，提高作业效率。

全年消费者业务的销售收入为 3488.52 亿元，华为（含荣耀）智能手机发货量 2.06 亿部，全球份额达到 14.7%，稳居全球前三。华为 Mate 20 系列在人工智能、性能、续航、充电、拍照、外观设计等方面引领行业创新，上市两个月全球发货量即超过 500 万部。华为 P20 系列开创了手机影像的新巅峰，截至 2018 年底，华为 P20 系列发货量已经突破1600 万部，创造华为旗舰手机的销量新纪录。EMUI 9.0 通过底层编译优化，整体性能提升 20%，同时多轮多域的对话管理技术为用户带来焕然一新的智慧体验。

截至 2018 年 12 月，华为已经在全球建成超过 60000家零售阵地，其中包含 4000 多家体验店；共建成超过 2000家线下服务中心，覆盖全球 105 个国家和地区。

发布华为 AI 战略与全栈全场景 AI 解决方案，包括全球首个覆盖全场景的华为昇腾（Ascend）系列芯片、产品和云服务。

全场景智慧生态进一步完善：在智能家居领域，华为 HiLink 智能家居平台与 150 多家厂商合作，覆盖 500 多款产品；在智能车载领域，为千万车主提供稳定可靠的车联网服务；在运动健康领域，为超过 1 亿运动健康用户提供服务。

1 月，华为邀请因《神奇女侠》而大热的盖尔加朵代言华为 Mate 10，并且之后代言了 P20 Pro 以及 Mate 20 Pro。

年初，美国联邦调查局发出警告不要购买华为手机。

华为 P20 系列和华为 Mate 20 系列分别获得国际科技媒体及权威行业机构颁发的 23 项、16 个年度大奖。

2 月 25 日，在 2018 世界移动通信大会前夕，华为正式面向全球发布了华为首款符合 3GPP 标准（全球权威通信标准）的 5G 商用芯片——巴龙 5G01（Balong 5G01），和基于该芯片的首款 3GPP 标准 5G 商用终端——华为 5G CPE（Consumer Premise Equipment）。

5 月，华为分布式操作系统获消费者 BG 投资评审委员会投资，成为 BG 正式项目。

5 月 2 日，五角大楼禁止华为和中兴在美国销售手机。

8 月 13 日，特朗普签署了《2019 财年国防授权法案》，禁止所有美国政府机构从华为公司购买设备和服务。

8 月 23 日，澳大利亚政府以"国家安全"为由，禁止华为和中兴两家公司参与其国内的 5G 网络基础设施建设。

12 月 25 日，华为消费者业务宣布，在全球消费者和合作伙伴的热情支持下，凭借华为 P20 系列、Mate 20 系列、荣耀 10 等多款华为、荣耀机型在市场上的优异表现，2018 年华为智能手机发货量（含荣耀）突破 2 亿部，再创历史新高。

2019 年

企业文化用语：没有伤痕累累，哪来皮糙肉厚，英雄自古多磨难。｜"铁拳（技术和产品领先）""法律""舆论"三股力量同时前进，争夺最后的胜利。｜极端困难的外部条件，会把我们逼向世界第一。｜我们的目标一定要达到，我们的目标也一定会达到。｜不经艰难困苦，何来玉汝于成。｜我们的飞机已经被打得千疮百孔了，多一个洞也没关系。我们应沉着、镇静，保持好队形。｜我拿青春赌明天，你用真情换此生。｜不断复盘，不断建模；建了新模再去应用，如果能提高 1%，那说明你的思维方向是正确的，一点一点就能逐渐逼近真理。

截至 2019 年底，华为已在全球建成超过 65000 家零售阵地，其中包含 6000 家体验店。建成超过 2600 家线下服务中心，覆盖全球 105 个国家和地区。全年消费者业务销售收入 4673 亿元人民币。智能手机发货量超 2.4 亿部，PC、平板电脑、智能穿戴、智慧屏等以消费者为中心的全场景智慧生活战略布局进一步完善。

2019 年，华为消费者业务坚持 "1+8+N"（1 代表手机，8 代表平板电脑、PC、VR 设备、可穿戴设备、智慧屏、智慧音频、智能音箱、车机，N 代表泛 IoT 设备）全场景智慧生活战略，以鸿蒙操作系统和 HiAI 为核心驱动力，支持 HiLink 智能家居生态和 HMS（华为移动服务，Huawei Mobile Services）服务生态的协同创新，升级软硬件用户体验，使包括手机在内的全场景终端实现互联互通、能力共享，让消费者享受不同生活场景下、多种设备间无感连接、信息内容无缝流转的智慧生活美好体验。

1 月 24 日，华为在北京召开了 5G 发布会，推出业内首款面向 5G 基站的天罡芯片、首款 5G 商用设备 5G CPE Pro，同时宣布首款 5G 折叠屏手机将在 2019 世界移动通信大会上正式发布，最快将在 4 月上市。

3 月 7 日，华为轮值董事长郭平宣布，华为已向美国联邦法院提起诉讼，指控美国《2019 年国防授权法案》第 889 条款违反美国宪法。

4 月 2 日，余承东在微博上发表未来的战略方向：华为消费者业务已经发展到一个全新的历史阶段，今年华为＋荣耀很可能会成为全球第一手机厂商。未来，我们必须坚定方向，撸起袖子，埋头苦干：1. 华为单品牌未来要做到全球第一；2. 荣耀品牌做到中国前二，全球前四；3. 全力支持荣耀发展，将会给荣耀极具竞争力的产品，在渠道、零售上加大投入，荣耀一定要超越并甩开对手；4. 无论华为和荣耀，都要敢于创新，做智慧全场景产业的王者！

5 月，华为分布式操作系统命名为 "鸿蒙"。

5 月 16 日，美国商务部工业与安全局将华为公司列入 "威胁美国国家安全" 的 "实体名单"，从而禁止华为公司向美国企业购买技术或配件。禁止美国企业与华为进行贸易合作，从基础元器件、芯片、操作系统到应用软件，对华为实行全面中断供应，全力打击华为供应链体系。

5 月 16 日当天，对于美国把华为列为 "实体清单"，华为轮值董事长胡厚崑发布《致员工的一封信》，称 "对此，公司在多年前就有所预计，并在研究开发、业务连续性等方面进行了大量投入和充分准备，能够保障在极端情况下，公司经营不受大的影响。"

5 月 17 日，华为心声社区转发了华为海思半导体公司总裁何庭波致员工的一封信，"所有 '备胎'，一夜之间全部 '转正'"。

5 月 18 日，华为发布《致全球客户的一封信》，告知客户"华为已经建立了一整套严密、有效的业务连续性管理体系，可以确保华为绝大部分产品在极端情况下可以继续服务我们的客户"。

5月19日，华为被谷歌禁止操作系统的授权，华为自主开发的"鸿蒙"操作系统也横空出世，预告在2019年秋季或2020年春季面市。

7月26日，华为"联接未来"终端媒体沟通会在深圳召开，会上不仅有华为首款商用5G双模手机Mate 20 X（5G）手机亮相，华为智慧屏战略也重磅发布，各领域媒体及行业领袖齐聚现场，见证华为"让智慧变大"这一颇具意义的历史性时刻，共同期待智慧屏新时代的开启。

8月9日，华为加紧研发投入，在2019华为消费者业务全球开发者大会上正式向全球发布其全新的基于微内核的面向全场景的分布式操作系统——鸿蒙OS。鸿蒙1.0对外发布，荣耀智慧屏（电视）搭载。

9月28日，作为华为全球化直营零售体系布局的开端，华为全球旗舰店·深圳万象天地店正式开门迎客。华为全球旗舰店颠覆了华为零售店面的传统形象，成为了全新的城市文化地标和城市中心的会客厅。通过高端设计和前沿科技给消费者提供与朋友、家人增进情感、学习分享、享受极致体验的线下科技空间。

10月1日，手机市场发生一件可以写入历史的大事件：即日起，国资委叫停补贴，通信运营商渠道不再赠送手机，各种合约计划全面取消！"存话费送手机""担保赠机""订业务送手机"等活动成为历史。

12月5日，华为深圳总部举行发布会，宣布正式在美国法院提交起诉书，请求法院认定美国联邦通信委员会有关禁止华为参与联邦补贴资金项目的决定违反了美国宪法和《行政诉讼法》。

2020 年

2020 年，华为相继推出 HUAWEI Mate Xs 折叠屏手机、HUAWEI P40 系列和 HUAWEI Mate 40 系列旗舰智能手机、HUAWEI MateBook X 超轻薄笔记本、华为智慧屏 X65、HUAWEI WATCH GT 2 Pro ECG 款心电手表、HUAWEI FreeBuds Pro 智慧动态降噪 TWS（真正无线立体声）耳机等多款深受全球消费者喜爱的智能终端，全场景终端布局和用户体验不断提升。

全年销售收入 8913.68 亿元人民币，消费者业务销售收入 4829.16 亿元人民币。截至 2020 年底，华为消费者业务在全球建立近 60000 个零售阵地，其中包含 5000 多家体验店。截至 2020 年底，华为消费者业务共建成约 3200 家线下服务中心，覆盖了全球 105 个国家和地区，为消费者提供方便快捷的维修服务。

围绕五大生活场景，打造全场景智慧生活体验。华为消费者业务不断建设"1+8+N"全场景智慧生活战略，以 HarmonyOS 和 HMS 生态为核心驱动及服务能力，围绕以智慧办公、运动健康、智能家居、智慧出行和影音娱乐为主的五大生活场景，为消费者打造多种设备无感连接、能力共享、信息内容无缝流转的智慧生活体验。

5 月 15 日，美国升级了对海思的打击力度。升级对华为的芯片限制计划，扩大了管制范围，意图全面限制华为使用美国技术设计和制造半导体。

9 月，鸿蒙 2.0 对外发布，向电视、手表和车机等内存 128KB~128MB 设备开源。

10 月 19 日，在 2020 世界 VR 产业大会云峰会上，华为正式发布 HUAWEI VR Glass 6DOF 游戏套装。

10 月 22 日，发布 Mate 40+ 搭载全球首个 5nm 5G SoC 麒麟 9000 芯片（集成 153 亿晶体管）+ 搭载全新 EMUI 智慧系统。

11 月 17 日，荣耀被华为剥离，出售给由多家公司机构组建的深圳智信新信息技术有限公司。出售后，华为不再持有新荣耀公司的任何股份。智信公司由深圳市智能城市科技发展集团与 30 余家荣耀代理商、经销商共同投资设立。其中，深圳市智能城市科技发展集团由深圳市国资委 100% 控股。

12 月，鸿蒙推出手机开发者 Beta 版本。

2021 年

1 月 22 日，独立后的荣耀召开了首场新品发布会。荣耀 CEO 赵明接受媒体采访时表示，荣耀供应链已全面恢复。

1 月 23 日，花粉年会在东莞松山湖召开。

4 月 8 日，发布 "1+2+N" 的全屋智能解决方案。"1" 是指搭载 HarmonyOS 中央控制系统的家庭智能主机；"2" 是两套连接设备，分别为稳定可靠 PLC 电力线有线连接和高速全覆盖的全屋 Wi-Fi 6+；"N" 是基于鸿蒙能力形成的多个子系统，包括照明智控系统、环境智控系统、智能家电系统等。有了这个华为全屋智能解决方案，能解决目前全屋互联、全屋 AI、生态整合三大痛点，实现真正懂你的全屋智能，为大家提供更方便、更高效的智慧生活体验。

4 月 19 日，发布赛力斯华为智选 SF5- 高性能电驱轿跑 SUV。

4 月 19 日，上线 "我的华为" App。

4 月 21 日，华为首款鸿蒙手机上架。Mate 40 Pro 4G，型号：NOH-AL00，设备名称：TD-LTE 数字移动电话机；双卡双待，操作系统：HarmonyOS

鸿蒙系统向内存 128MB~4GB 设备开源。

5 月 25 日，华为 EMUI 官方微博正式更名 HarmonyOS。此举标志着华为手机正式从安卓向鸿蒙系统切换。

6 月 2 日，华为正式发布鸿蒙手机操作系统。当天 20 时举行线上发布会，正式发布可以覆盖手机等移动终端的鸿蒙操作系统，这也是继 2019 年"官宣"鸿蒙操作系统后，该系统正式搭载到智能手机。

6 月，华为官方发布消息称：已将鸿蒙系统（HarmonyOS）的基础能力，全部捐献给了开放原子基金会。

6 月 9 日，德国首家华为旗舰店在柏林开业，这是华为在欧洲地区营业的第五家旗舰店。

7 月 29 日晚 7 时 30 分，华为举办旗舰新品发布会带来多款重磅新品，包括影像旗舰 P50 系列、华为智慧屏 V98、华为智慧屏 V75Super、华为小精灵学习智慧屏等。

9 月 24 日，华为 CFO 孟晚舟回归祖国。

11 月 9 日，2021 年操作系统产业峰会在北京国家会议中心举行，在这次大会上，华为携手全体社区伙伴共同将欧拉开源操作系统无偿捐赠给国家开放原子开源基金会。

11 月 17 日，华为举行全场景智慧生活新品发布会，推出多款重磅新产品，包含 MateBook E、Mate X3 手机、口红耳机 FreeBuds Lipstick、智能手表 GT3。

12 月 23 日，华为主题为"光影交织，万物共生"的冬季旗舰新品发布会在线上和线下同步召开。此次发布会上，华为发布了 HUAWEI P50 Pocket 旗舰折叠屏手机、HUAWEI WATCH D 腕部心电血压记录仪、华为智能眼镜、全新一代 HUAWEI Matebook X Pro 笔记本、AITO 问界 M5 智能汽车等新品。

截至 12 月底，升级鸿蒙系统（HarmonyOS）的华为设备数已超过 2.2 亿部，生态设备出货量也超过一亿台。

2022 年

2 月 27 日，华为举行智慧办公春季发布会。面向全球发布七款终端新品，包括已在国内发布的笔记本 MateBook X Pro、一体机 MateStation X、二合一笔记本 MateBoo kE、打印机 PixLab X1，以及首发的华为首款墨水平板电脑 MatePad Paper、HarmonyOS 平板电脑 MatePad 和华为首款便携音箱 SoundJoy。在发布会上，华为消费者业务 CEO 余承东强调全场景智慧生活是华为消费者业务接下来 5~10 年的长期战略，将围绕运动健康、智能家居、智慧出行、智慧办公和影音娱乐五大场景布局。余承东："华为人'齐心协力，跨过寒冬，一同迎接春暖花开'。"

3 月 28 日 16 时 30 分华为通过视频号向全球直播，发布 2021 年年度报告。报告显示，2021 年华为实现全球销售收入 6368 亿元人民币，同比下滑 28%；净利润 1137 亿元人民币，同比增长 75.9%。华为副董事长、首席 CFO 孟晚舟公布 2021 年整年业绩数据。华为提出：华为最大的财富是人才储存、思想储存、理论储存、工程储存、方法储存、内部流程管理高效有序储存……

年报中显示，2021 年华为终端业务坚持以消费者为中心，构建万物智联、亿亿连接的全球生态，智能穿戴、智慧屏、TWS 及消费者云服务产业均实现持续增长，搭载 HarmonyOS 的华为设备超过 2.2 亿台。围绕 1+8+N 全场景战略进行品牌营销、渠道零售和服务能力升级，支撑全场景加速转型，拓展新赛道。

截至 2021 年底，搭载 HarmonyOS 的华为设备超过 2.2 亿台，HarmonyOS 成为全球发展速度最快的移动终端操作系统。全新发布的 HMS Core 6，让全球开发者专注应用创新，

HMS 作为全球第三大移动应用生态正愈发繁荣。截至 2021 年底，华为终端全球月活用户超过 7.3 亿。

在零售和服务门店全方位打造有温度的品牌。2021 年，华为消费者业务坚持探索和打造全新的精品零售和服务模式，构建有温度的品牌形象，提升消费者在零售门店以及服务门店的体验。截至 2021 年底，已在全球建立了超过56000 家门店和专柜，其中包含 5500 多家体验店。

7 月 4 日，华为举办 nova 10 系列及全场景新品夏季发布会，带来华为 nova 10 系列、AITO 问界 M7 智能汽车、华为全屋智能 2.0、华为 P50 Pocket 新色版本、华为儿童手表4 Pro 深海奇幻款和大圣英雄款、华为 WATCH FIT 2、华为随行 Wi-Fi 3 Pro 等华为智慧生活全场景新品。

9 月 6 日，华为 Mate50 系列及全场景新品秋季发布会正式举行。发布会上，华为带来了包括 Mate50 系列、华为全新二合一笔记本 MateBook E Go、全新华为 MatePad Pro 12.6 英寸、华为 Sound X 鎏金剧院版、华为家庭存储、华为智能门锁 SE 猫眼版、智能便携音箱 Sound Joy 新色等十余款智能终端新品，进一步丰富了万物互联构想下的智慧生活场景。

2023 年

1 月 1 日，华为轮值董事长胡厚崑在微博上说道："2023，新起点，再出发！三年了，我们已经习惯了凭着惯性，沿着一条不知道通往何方的道路前行。当方向盘突然回到手中，短暂的茫然之后，一定有大胆前行的欣喜。"

3 月 23 日，华为召开春季旗舰新品发布会。华为 P60 系列、华为 MateX3、华为 Watch Ultimate、鸿蒙智能座舱等新品惊艳登场。

5月18日，华为举办夏季全场景新品发布会，带来华为 MatePad Air、华为 MateBook X Pro 及 MateBook 16s、MateBook 14s、MateBook 14、华为 MateBook E 二合一笔记本、华为 WATCH 4、华为儿童手表5、华为畅享 60 Pro、华为 Vision 智慧屏 3、华为无线鼠标、华为 PixLab V1 彩色喷墨多功能打印机、华为家庭存储、华为全屋智能 4.0 等 14 款全场景新品，加快推进万物互联的全场景生态。

8月4日，HarmonyOS 4 在华为开发者大会 2023（HDC.Together）上正式发布。

8月底，华为没有召开发布会就启动了 Mate 60 系列手机的预售。先行抢到手机的中西方媒体和机构们拆机之后发现，5G 麒麟芯片、鸿蒙操作系统，几乎所有的元器件都实现了国产化，其搭载的卫星通话功能引起了广泛关注，销量和口碑均非常出色。

9月25日，华为在深圳召开了秋季全场景新品发布会，最让人意外也是为之振奋的是，华为 Mate60 系列完成了核心技术领域从 0 到 1 的跃迁，堪称是中国科技发展史的里程碑事件。从 2019 年 5 月 15 日到 2023 年 9 月 25 日，华为在 1594 天的极限生存下，终究再次成为大众视野中的焦点，太阳照常升起，曾经的**全球智能手机王者涅槃重生**。

12月26日14:30 举行问界 M9 及华为冬季全场景发布会，宣传发布问界 M9 及华为 nova12 系列。

2024 年

4月11日，华为在上海举行鸿蒙生态春季沟通会，带来鸿蒙智行首款智慧轿车智界 S7、全新华为 MateBook X Pro 领衔的多项新产品、新技术，并公布鸿蒙智行生态最新成绩，展示进一步完善的华为万物互联全场景生态。

4月18日，推出"HUAWEI Pura 70系列先锋计划"，于10:08开售。

5月15日，华为举办夏季全场景新品发布会，带来了包括华为MateBook 14、华为WATCH FIT 3、华为儿童手表5 Pro、华为Vision智慧屏4、华为智能眼镜2等在内的多款全场景新品，以及华为MatePad Pro 13.2英寸、华为FreeClip耳夹耳机等多款热销产品的全新配色，涵盖了智慧办公、运动健康、影音娱乐、智能家居等诸多场景，持续为消费者打造极致的全场景智慧生活体验。

8月6日，华为举行鸿蒙智行享界S9及华为全场景新品发布会，带来了全景智慧旗舰轿车享界S9、问界新M7 Pro和华为nova Flip、MatePad Pro 12.2英寸、全新MatePad Air、华为毕昇激光打印机X1系列、智慧屏S5 Pro等多款全场景智慧新品，从智慧出行、智慧办公到智能穿戴，华为全场景智慧生态持续构建，为消费者带来万物互联的智慧体验。

8月26日，鸿蒙智行举行首次新品发布会，问界新M7 Pro正式上市。同时，鸿蒙智行首款轿跑SUV智界R7亮相发布会。

9月10日，华为见非凡品牌盛典及鸿蒙智行新品发布会盛大召开。华为MateXT发布，华为常务董事、终端BG董事长余承东称其是全球首款三折叠手机。他表示，"手机展开之后屏幕10.2英寸，是最大的折叠屏手机，相当于把平板装在口袋里；展开后厚度3.6毫米，是最薄的折叠屏手机。"

9月24日，华为WATCH GT 5系列正式亮相华为秋季全场景新品发布会，首发搭载玄玑感知系统，支持超60项运动健康指标监测，支持情绪健康助手、女性卵巢健康研究等全新功能，并支持超100种运动模式。其他新品华为Sound

Joy、路由器 BE7 Pro、智慧屏 V5 Max 110、智界 R7。

10 月 22 日，**我国首个国产移动操作系统——华为原生鸿蒙操作系统正式发布**，这也是继苹果 iOS 和安卓系统后，全球第三大移动操作系统。目前，支持鸿蒙系统的设备数量已超过 10 亿台，注册开发者 675 万人。余承东说："我们用一年多时间走过了国外操作系统十几年走过的路。"

附录2 零售门店运营要素一览图

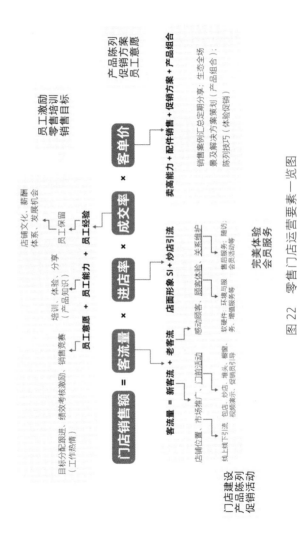

图22 零售门店运营要素一览图

零售华为

附录 3 缩略语

APK：Android application package，Android 应用程序包

ASP：average sales price，平均销售单价

BTL：Below the line，线下

C3T：Corporate Business Transformation & IT Management Team，企业业务变革及 IT 管理团队

EAC：Enterprise Architecture Council，企业框架委员会

EMT：Execative management team，经营管理团队

EOM：End of Marketing，停止销售

EOP：End of Production，停止生产

EOS：End of Service and Support，停止服务与支持

EOX：EOM、EOP、EOS 的统称

ESC：Executive Steering Committee，变革指导委员会

GR：General Review，产品操盘准备度评估

GTM：Go-to-Market，产品上市

HMS：Huawei Mobile Services，华为移动服务

IPMS：Integrated Product Marketing Sales & Sevice，集成产品营销、销售和服务，简称"集成产品营销服"

IPMS-MT：IPMS Management Team，IPMS 操盘管理团队

KCP：Key Control Point，关键控制点

KPI：Key Performance Indicator，关键绩效指标

PCT：Product Commercial Team，产品市场操盘团队

POSM：Point of Sales Materials，辅助销售物料

PR：Public Relations，公共关系

ROI：Return on Investment，投资回报率

SI：Space Identity 或 Store Identity，空间识别或店面空间设计识别系统

TIM：Total investment to market，整体市场营销投入

参考文献

[1] 华牧. 创华为：任正非传 [M]. 北京：华文出版社，2017.

[2] 戴辉. 一位前华为人亲历的华为手机发展史：最牛产品是如何炼成的 [EB/OL]. （2018-02-21）.https://www.jfdaily.com/news/detail?id=80450.

[3] 冯仑. 我眼中的任正非 [EB/OL]. （2019-04-24）. https://baijiahao. baidu.com/s?id=1631689732308797727&wfr=spider&for=pc.

[4] 苗兆光，施炜. 华为变革史（上篇）[EB/OL]. （2019-05-19）. https:// www.sohu.com/a/314947894_343325.

[5] 苗兆光，施炜. 华为变革史（下篇）[EB/OL]. （2019-05-20）. https:// www.jiemian.com/article/3141034.html.

[6] 邓斌. 华为成长之路：影响华为的 22 个关键事件 [M]. 北京：人民邮电出版社，2020.

[7] 辛童. 华为供应链管理 [M]. 杭州：浙江大学出版社，2020.

[8] 邓斌. 华为管理之道：任正非的 36 个管理高频词 [M]. 北京：人民邮电出版社，2019.

[9] 周锡冰. 华为国际化 [M]. 北京：中信出版社，2020.

[10] 冉涛. 华为灰度管理法 [M]. 北京：中信出版社，2019.

[11] Deadpool. 华为崛起之路 [EB/OL]. （2019-01-29）. https://zhuanlan. zhihu.com/p/55839408.

[12] 杨少龙. 华为靠什么 [M]. 北京：中信出版社，2014.

[13] 孙科柳，易生俊，陈林空. 华为你学不会 [M]. 2 版. 北京：中国人民大学出版社，2016.

[14] 华为投资控股有限公司. 华为年度报告 [R/OL]. （2006-2020）. https://www.huawei.com/cn/annual-report.

[15] 探究君团. 华为是如何实现以客户为中心的: [EB/OL]. (2019-06-28). https://baijiahao.baidu.com/s?id=1637583512148293339&wfr=spider&for=pc.

[16] 张利华. 华为研发 [M]. 3 版. 北京: 机械工业出版社, 2017.

[17] 王海燕. 华为离职江湖 [EB/OL]. (2017-07-17). https://www.shobserver.com/news/detail?id=59378.

[18] 林腾. 华为驻外员工怎么卖手机? 在南非"挡子弹", 搞定波兰"民族英雄" [EB/OL]. (2017-02-25).https://baijiahao.baidu.com/s?id=1560281474080450&wfr=spider&for=pc.

[19] 刘平. 华为往事 [EB/OL]. (2016-01-27).https://www.sohu.com/a/56885279_118540.

[20] 田涛. 理念·制度·人 [M]. 北京: 中信出版社, 2020.

[21] 刘嵘峥. 一个荣耀地市经理的"打怪升级"之旅 [EB/OL]. (2020-10-15). https://xinsheng.huawei.com/cn/index.php?app=forum&mod=Detail&act=index&id=5047121&search_result=138.

[22] 王永昌. 伟大的磨难: 华为启示录 [M]. 杭州: 浙江人民出版社, 2019.

[23] 刘百功. 华为的变革之路 [EB/OL]. (2017-10-30). https://zhuanlan.zhihu.com/p/30584136.

[24] jllxk014. 华为五年全记录, 从面试、培训、入职、实习、转正 [EB/OL]. (2015-1-22). https://www.docin.com/p-1036104420.html .

[25] 郑方舟. 归来仍是少年 [EB/OL]. (2019-12-20). https://xinsheng.huawei.com/cn/index.php?app=forum&mod=Detail&act=index&id=4532357&p=1&pid=46205327#p46205327.

[26] 阎景立. INTERNET 信息高速公路的雏形 [EB/OL]. (1995-5-5). https://xinsheng.huawei.com/next/#/detail?tid=6787507.

华
为
零
售

图书在版编目（CIP）数据

华为零售 / 朱秋虎,许临峰著. — 上海 : 东华大学
出版社, 2023.3
    ISBN 978-7-5669-2188-8

    Ⅰ.①华… Ⅱ.①朱… ②许… Ⅲ.①通信企业—企
业管理—零售—销售管理—经验—深圳 Ⅳ.① F632.765.3

    中国国家版本馆 CIP 数据核字（2023）第 035169 号

华为零售

Huawei Lingshou

朱秋虎 许临峰 著

责 任 编 辑 刘 宇 李 晔
封 面 设 计 马小萱

出 版 发 行 东华大学出版社（上海市延安西路 1882 号 邮政编码: 200051）
营 销 中 心 021-62193056 62379558
出版社网址 http://dhupress.dhu.edu.cn/
天猫旗舰店 http://dhdx.tmall.com
印   刷 上海盛通时代印刷有限公司
开   本 890mm×1240mm 1/32   印张 8.5   字数 225 千字
版   次 2023 年 3 月第 1 版   印次 2024 年 11 月第 2 次印刷
书   号 ISBN 978-7-5669-2188-8
定   价 68.00 元